はじめに

昔から「教育改革は振り子のように左右に大きく振れる」と言われてきました。その振り子の一方の端は、教育内容を順次立てて教える系統主義、もう一方の端は活動的な学習を通して学ぶ経験主義です。これまでも、系統主義に偏れば「知識偏重だ」と批判され、経験主義に偏れば「活動あって学びなし」と批判されてきました。

しかし、もはや両者を二項対立的に論じ合う時代ではありません。

そもそも、わが国の学校教育は伝統的に、初等教育においては経験主義的な学習観に軸足を置き、中等教育では系統主義的な学習観に軸足を置いてきました。これは、子どもの発達段階と教育内容の専門性に起因するものであって、一方がよく、もう一方が悪いということではありません。

問われるべきは、学びが学習者である生徒のものとなっているかです。そうである限り、授業が講義型であるか対話型であるかは問題とはなりません。生徒の内発的な動機づけをどのように図るかという点に立つならば、その本質は同じだからです。

では、学習者主体の学びをつくるために、これからの高校教育において必要なことは何なのでしょうか。そのヒントとなるのが社会の実情です。

たとえば、成長する組織の条件の一つに、従業員一人一人が自分たちで課題をつくり出し、上司や同僚と協働しながら解決できることが挙げられます。その答えはけっして一つではなく、ときには正解がないことも少なくありません。それを当たり前のことと受け止め、「だからこそおもしろい」と邁進する組織がイノベーションを起こします。

かつて社会の要請として大量生産・大量消費を必要としていた昭和の時代には、前述のような条件は限られた従業員にのみ求められました。その他の大勢の従業員は、トップが決めたことをそのとおりに履行することで組織の成長につながりました。しかし、それは遠い昔の話です。もし、いまもなお昭和の時代の体質を変えることができなければ、これからの時代を生き残ることはできないでしょう。

これから実社会に出ていく生徒たちには、おそらくいまも残る古い価値観とイノベーションを起こす新しい価値観の狭間で葛藤しながらも、勇気をもって後者に軸足を置き、道を切り拓いていくことが求められます。そして、そのトレーニングの場となるのが、高校教育における探究学習なのです。

こうした点を踏まえ、平成30年に告示された学習指導要領においては、生徒たちの「資質・能力」の育成を目指して、（授業改善の視点である）「主体的・対話的で深い学びの実現」

を示し、生徒同士が対話を重ねながら課題を解決する学習者主体の探究学習を強く求めるようになったわけです。

しかし、高校教育の現場では、探究学習をどうとらえ、どうつくればよいかについて、「まだうまくイメージが湧かない」という方もいらっしゃるでしょう。各教科等の専門性が高く、教師主導の授業に磨きをかけてきた高校現場においては、探究学習を取り入れるハードルが高いからです。

こうした状況を踏まえ、上梓したのが本書です。総合的な探究の時間においてのみならず、教科の授業においても（無理なく）探究学習を取り入れる考え方と方法を具体的に紹介することが本書の目的です。

教育は未来社会への投資です。日々の授業は生徒たちの未来につながっています。いろいろなことに対して疑問をもつこと。そうした疑問のなかから自ら課題を見つけること。その解決に向けて粘り強く取り組むこと。探究学習を通じて培った資質・能力は、必ずや生徒たちの生きて働く力となります。変化の激しいこれからの社会がよりよいものとなるよう、その礎をつくるのが高校教師の果たすべきミッションだと私は考えています。本書がその手助けとなることを願ってやみません。

令和5年2月吉日　大正大学教授　稲井　達也

第４章 【総合探究の進め方①】カリキュラムのイメージをつかむ 079

第7章　情報活用力を育てる　145

第1章

高校探究において、
はじめに知っておきたいこと

学力の3要素から探究学習へ

1　学力の3要素

高校では、いわゆる〝学力の3要素〟（学校教育法第30条第2項）が、大学入試から大学の学士課程教育（学部教育の4年間）に至るまで大きく影響を及ぼしています。

〈学力の3要素〉

- ●「何を理解しているか、何ができるか」（生きて働く「知識・技能」の習得）
- ●「理解していること・できることをどう使うか」（未知の状況にも対応できる「思考力・判断力・表現力等」の育成）
- ●「どのように社会・世界と関わり、よりよい人生を送るか」（学びを人生や社会に生かそうとする「学びに向かう力・人間性等」の涵養）

（高等学校学習指導要領解説　総則編）

風向きは一気に変わりました。

そのきっかけは、大学入試センター試験がなくなり、右の〝学力の3要素〟に基づいて出題される方向に舵を切り、大学入学共通テストへと変わったことでした。その背景には、小・中学校の全国学力学習状況調査のB問題に見られるように、出題内容が知識を問うものだけではなく、コンピテンシー・ベースの問題が出題されるようになったことが挙げられます。

また、新しい学習指導要領では、探究を冠した科目が多く設置され、探究的な学習が重視されるようになったことも大きく影響しています。

2　主体的・対話的で深い学び

ここで改めて、「主体的・対話的で深い学び」について確認しておきます。

このキーワードが中央教育審議会答申（2016年12月）で示されたときには、学校現場はざわつきました。

それまでも、小学校を中心として「協働的な学び」には取り組まれてはいましたが、「協働的な学び」ではなく、「対話的な学び」という表現に変更されていたことも驚きの一因です。偏った活動主義に対する警鐘を鳴らす意味にも読み取れるものでした。

〈主体的・対話的で深い学び〉

①学ぶことに興味や関心を持ち、自己のキャリア形成の方向性と関連付けながら、見通しをもって粘り強く取り組み、自己の学習活動を振り返って次につなげる「主体的な学び」が実現できているか。

②子供同士の協働、教職員や地域の人との対話、先哲の考え方を手掛かりに考えること等を通じ、自己の考えを広げ深める「対話的な学び」が実現できているか。

③習得・活用・探究という学びの過程の中で、各教科等の特質に応じた「見方・考え方」を働かせながら、知識を相互に関連付けてより深く理解したり、情報を精査して考えを形成したり、問題を見いだして解決策を考えたり、思いや考えを基に創造したりすることに向かう「深い学び」が実現できているか。

〈中央教育審議会答申〈2016年12月〉〉

このうち、②の「対話的な学び」については、話し合いを重視するグループ学習を取り入れれば事足りるというものではありません。中教審答申や学習指導要領において直接的に言及されているわけではありませんが、次の3つの要素があると考えられます。

〈対話的な学びの要素〉

●テクストとの対話

●自己との対話

●他者との対話

ここで言う「テクスト」とは、書かれたもののことを指し、教科書だけではなく、資料集、年表、図表、新聞記事などの教材・学習材も含むものです。「対話的な学び」においては、このテクストとの自己内対話と、他者との対話（グループ活動など）の双方を行き来することで成立すると考えられます。

どちらが欠けても「対話的な学び」にはならないという考え方ですが、厄介なのは後者です。〝活動ありき〟よろしく他者との対話を優先しすぎてしまうと、テクストとの自己内対話を疎かにしてしまうからです。

重視すべきは、一人ひとりが深く思考することであって、活動そのものはそのための手段の一つにすぎません。また、他者との対話にしても、いきなり「話し合おう」と促せばできるというものでもありません。どのような対話であれば学習が充実したことになるのかをイメージした下ごしらえが必要です。

他者との対話は、自分の考えをしっかり伝えられたとしても、それだけでは成立しません。コミュニケーションであり、伝え合いだからです。相手の話に耳を傾け、その考えを受け止めながら自分の考えを再構築して相手に伝えるという双方向性があってはじめて対話となります。

3　高校の探究科目

高校では、新たに探究の名を冠した次の科目が新設されています。

〈高校の探究科目〉

●国語科
　古典探究
●地理歴史科
　地理探究　日本史探究　世界史探究
●理数科
　理数探究基礎　理数探究
●総合的な探究の時間

このほかにも、国語科では必履修科目として「現代の国語」「言語文化」、選択として「論理国語」「文学国語」、地理歴史科では「歴史総合」「地理総合」、公民科では「公共」、外国語科では「論理・表現Ⅰ～Ⅲ」が新設されています。これらの改訂に共通していることは、「探究」と「論理」が重視されている点です。

この背景にはさまざまな事柄が考えられますが、教育現場の外側に目を向けると、次のようなことが考えられます。

●日本の児童生徒は「答えのない課題を探究することが苦手」「論理的思考力に欠ける」などといったＰＩＳＡをはじめとする国際調査や、文部科学省が行っている学習指導要領実施状況調査（以前の名称は教育課程実施状況調査）の結果
●グローバル化が進展する世界において国際競争力を保持する人材育成を求める経済界や経産省からの要請　など

実際、現実の教育現場に目を向けても、日本の子どもたちが記述式問題を不得手とする傾向は大きく改善されていません。授業を通じてもっと自分の考えを記述したり、まとまった文章を読む場面を設けることが課題とされています。

その鍵を握るのが探究学習です。
探究学習というと、学力的に上位層の生徒を対象にするものという声も聞かれますが、本来的にはどの生徒にとっても必要な学習法です。
探究学習をひと言で表すとすれば、自ら「問い」を立て、その「問い」を解決していく学習です。これからの時代を生きていくすべての生徒にとって必要な学びであり、「自分が向かおうとするゴールはどこか」「学習を通じて自分はどうなりたいか」を明らかにすることに主眼が置かれます。

探究学習の3つのタイプ

大きく分けると、探究学習には次の3つのタイプがあります。

〈探究学習の3タイプ〉

［タイプ①］総合的な探究の時間型

●学校として、地域や生徒の実態などに応じて、探究学習を取り入れた独自のカリキュラムを設定して探究学習を実施する。

●年間指導計画にテーマごとの単元を複数設定し、計画的・継続的に探究学習を実施する（1年間のなかでさまざまなテーマを学ぶ）。

●1年間にわたり、個人またはグループで計画的・継続的に研究する。

●生徒が個人またはグループで自由に研究テーマを設定する。

●教師が研究領域を設定し、その領域の範囲内で生徒が個人またはテーマを設定する。

［タイプ②］学校設定教科・科目型

●各学校が探究学習に焦点を当てた学校設定教科・科目を設定して実施する（独自の教科名・科目名、独自のカリキュラムを設ける）。

［タイプ③］教科型

●特定の教科の単元に課題解決学習を位置づけて探究的に学習を進められるようにする。

【タイプ①】総合的な探究の時間型の探究学習

「総合的な学習の時間」が新設された1999年当時、たとえば進学校では英語の副読本を読む授業で代替するなど、教科・科目の授業時間に充てていた高校も少なからず見られました。こうしたことからもわかるとおり、高校では総合的な学習の時間が軽視されてきた経緯があります。

中学校でも修学旅行の事前準備の時間に充てられることもありますが、キャリア教育に特化して実施する学校も多く見られ、高校に比べるとまだましだと言えるかもしれません。学習指導要領の趣旨に則って、いちばん熱心に取り組んでいたのは小学校でしょう。

そうは言っても、教科書がないことをストロングポイントとして、試行錯誤しながら真面目に取り組んできた高校もあるのですが、学校によって実践格差が大きかった点は否めません。

総合的な探究の時間（以下、すべての章で「総合探究」と略称）では、学校の裁量で自由にカリキュラムを組むことができます。年間を通じた1テーマで学習を掘り下げていくこともできるし、1テーマに迫るサブテーマを学期ごとに分けて、計画的・継続的に学べるようにすることもできます。

たとえば、年間を通じたテーマを「環境問題」とし、1学期にはリサイクルとフードロス、2学期には自然エネルギー、3学期には（年間のまとめとして）脱炭素社会について学ぶというカリキュラムがその一例です。サブテーマの学習を通じて脱炭素社会という包括的なテーマに収斂していくという考え方です。

また、高校では（学級単位ではなく）個人研究またはグループ研究にすることもできます。この場合には、自分たちが掲げた研究テーマに則って1年間を通して学んだ成果をレポートや論文にまとめます。

研究テーマについては、個人またはグループで自由に設定する場合と、教師が設定した大枠となるテーマ（先述の例で言えば「環境問題」）に紐づくサブテーマを生徒一人一人が考える場合とがあります。

前者は、担任教師の教科の専門性を埒外に置くことになるので、複数の生徒に対して1人の教師、または2、3人の複数の教師チームを割り当てて指導を担当することになります。それに対して後者は、教師の教科の専門性をできるだけ生かす方法です。

日本史が専門の教師であれば、たとえば「女性史を学ぶ」といったテーマのもとで、文献を活用しながら基礎的な事柄を学び、そのうえで、「女性史」に紐づくサブテーマを生徒が設定します。

ほかにも、生徒設定の研究テーマを設けるのではなく、学校として独自の名称をつけて実施するケースもあります。

総合探究の（卒業までの）履修単位数は３～６単位ですが、２単位にすることもできます。この場合は、学校設定教科・科目、または他の教科・科目において、横断的・総合的な学習や探究的な学習が十分に行われることが条件となります。たとえば総合学科で「産業社会と人間」の設置をもって２単位に減じていいということにはならないということです。この点については、文部科学省も注意を喚起しています。

【タイプ②】学校設定教科・科目型の探究学習

学校設定教科・科目については、特に学校として力を入れている内容に特化してカリキュラムを編成する関係上、独自の教科・科目名をつけます。総合探究のように、横断的なテーマを扱うというよりも、学校や生徒の実態に即したカリキュラム編成が求められます。なお、学校設定教科・科目については総合探究の単位数に振り替えることができます。

【タイプ③】教科型の探究学習

文字どおり教科の授業を通じて実現する探究学習です。これは、教師の講義中心の指導スタイルに対してメスを入れようという動きでもあります。1時間の授業をどうするかという桁ではなく、単元を探究型にしていくという考え方であり、授業改善の視点である「主体的・対話的で深い学び」との結びつきを強める方向性です。

具体的には、単元において中心軸とする問い（単元全体を貫く問い＝包括的な問い）を設け、教科の学習を通じてその問いの答えを見いだしていく課題解決型の学習プロセスを盛り込みます。

その関係上、各時間の授業における発問一つとっても独立したものとしてとらえるのではなく、常に単元を通じた課題解決に迫れるように問いを構成する点が特徴的です（**資料1**）。このように、発問を工夫するだけでも、探究の学習プロセ

資料1　教科型の探究学習の「問い」のイメージ

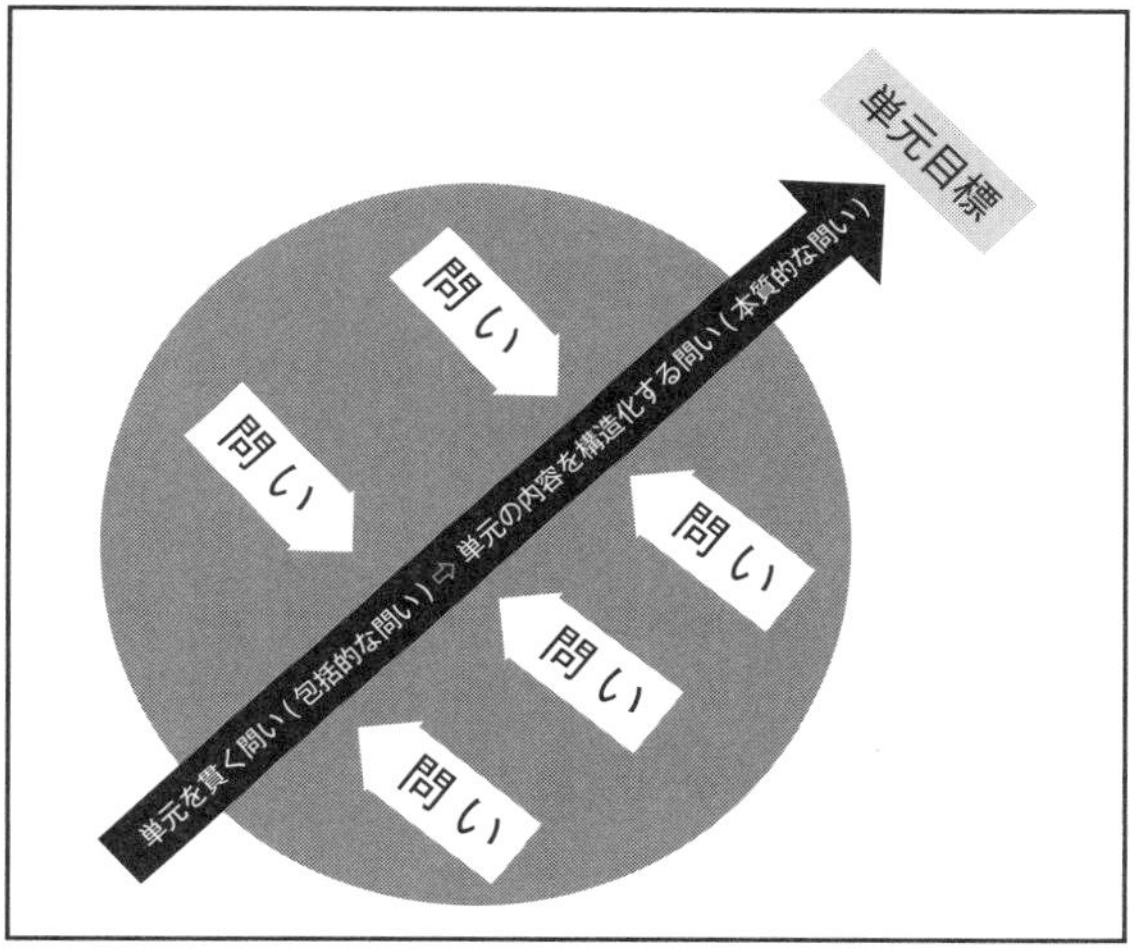

単元の中心となる大きな問いは、単元全体を貫いており、小さな問いを包括する。小さな問いは、問いの中心に向かう。

スをつくり出すことはできます。

ただし、より「主体的・対話的で深い学び」に近づけていくためには、教師の側が設定した問いから生まれる生徒の側の問いが必要です。つまり、教師と生徒間の問いの掛け合いがあってはじめて、実のある課題解決型の学びになっていくということです。

そうなるためには、生徒の側が探究意欲をもち、主体的に学習に取り組んでいけるようなトレーニングが必要です。一足飛びに、授業スタイルを変えたから実現できるというものではないからです。

まずは、発問の仕方を工夫しながら教師主導型で学習を展開しつつ、生徒が抱いた疑問を発言させたり書かせたりしながら、学習における問いのおもしろさ、探究の仕方を具体的に示していく必要があるでしょう。

後述しますが、単元の中心軸となる問いは、最初は教師があらかじめ設定することからはじめますが、やがて生徒が抱いた疑問をもとにして設定したり、生徒自らが導き出せるようになることが理想です。

ここまで紹介してきた探究学習の3タイプを、学校の組織的な観点からまとめると、それぞれ次のような特色を挙げることができます。

〈探究学習　3タイプの特色〉

●総合的な探究の時間型

学校の特色化にチャレンジできる。学校が力を入れていることをよりいっそう際立たせるカリキュラム、地域をテーマにしたカリキュラムなどを編成することにより、学校の特色化を図ることができる。

●学校設定教科・科目型

テーマを絞り、カリキュラムを編成することができる。学校の特色化をいっそう際立たせることができる。

●教科型（教科・科目・特に探究科目）

毎時間の授業を通して行うことができるので、探究学習が日常化し（当たり前になり）、資質・能力を育成する確度が上がる。

探究学習は、授業改善の視点である「主体的・対話的で深い学び」と切っても切り離せない関係にあるものですが、探究そのものは高校における授業にとどまるものではありません。むしろ実社会に出て職業生活を開始する、あるいは社会的に自立したときにこそ必要とされる学びの姿だと言えるでしょう。

探究学習で大切にしたいこと

1　学習者像をとらえ直す

研究授業の協議会などの場では、教師を「授業者」、児童生徒を「学習者」と呼ぶことが多いと思いますが、それに対して、私は違和感を覚えることがあります。それは、児童生徒ははたして事の最初から学習者たり得ないのではないかと考えるからです。

構成主義という考え方があります。ご存じの方も多いと思いますが、人が自分の使える知識、生きた知識を獲得するにはどのような学習プロセスを必要とするかを明らかにする考え方です。端的に言うと、次のとおりです。

- ●教師がどれだけ指導技術を駆使して一方的に教え込んでも、生徒にとって使える知識、生きた知識にはなり得ない（辞書などに書かれている使い道が不確かな事実の羅列にとどまる）。
- ●生徒が学習対象と向き合い、学習体験を通して能動的に理解を組み立てた結果として使える知識、生きた知識を獲得する（重視すべきは学習プロセスにある）。

後者の学習体験には、人と人との相互関係のなかでかかわり合うことも必要です。このように考えれば、学習のスタートラインに立つ生徒の多くは、まだ学習者とはなっていないということです。

このことを抜きにしてしまうと、単元前半にもかかわらず、「学習に対してAさんは意欲的ではない」「Bくんは集中力が散漫だ」などと決めつけてしまいかねません。これは、教師の負うべき指導の責任転嫁です。そうしているうちは、いつまで経っても学習者となれるのは一部の生徒にとどまってしまうことでしょう。

そこでまず、教師が行うべきことは、生徒一人一人が自分の問いをもつ、他者と意見を交わす存在としての学習者になれるように導いていくことです。そしてそれは、1時間の授業、1単元の学習といった桁ではありません。

〝ある単元では学習者になりきれなくても、次の単元では学習者になれるかもしれない〟こんな中期的な見通しをもって、生徒一人一人にかかわることです。探究学習はその連続だと考えるのが賢明だと思います。

そうでないと、瞬間的に周囲を見渡して、〝うちの生徒たちに探究なんてできるのだろうか〟と自問し、チャレンジする前からあきらめ顔を決め込んでしまうことになります。この根底には、〝生徒個々の能力には大きな差があり誰にも埋めることはできない〟

という教師自身の思い込みが隠れています。

しかし、可能性の塊のような生徒たちの能力を、将来までをも見越して正確に見抜く、そんな能力を私たち教師はもち得るのでしょうか。少なくとも、私にはそんなもち合わせはありません。私にできるのは、生徒の可能性を信じることだけです。

このとらえが正鵠《せいこく》を射ているのであれば、教師の側が自問の仕方を間違えているのです。問うべきは、〝うちの生徒たちが探究できる学習者にするために、この私に必要なことは何か〟だと言えるのではないでしょうか。

次に紹介するのは、ある都立高校2年生の国語授業です。

本実践は、夏目漱石『こゝろ』を読み、自分が疑問に思った答えを考え、「『こゝろ』新聞」をつくるという単元で、およそ次のように展開しました。

- 『こゝろ』の全文を何度か通読し、生徒が疑問に思ったことを出し合って「問い」を設定する。
- グループを編成して自分たちの解決したい「問い」を選び、話し合いながら「答え」を考える。
- 自分たちの選んだ問いと考えた答えを組み合わせて「『こゝろ』新聞」を作成する。

●新聞を作成するに当たっては、事前に見出しやリードのつけ方といった編集技法を学んだ後に、見本となる新聞例を示す。
●各グループで作成した新聞をもち寄って批評し合う。

私にとって思い出深い実践ですが（生徒がつくった新聞はいまも大切にとってあります）、強く記憶に残ったのには理由があります。それは、進学校どころか基礎的な学力もおぼつかない生徒が多い学校で、特に私が担当したクラスは授業を成立させるのさえむずかしいと言われていたからです。

午後になるころには机の向きはガタガタ、床にはゴミが散らかりっぱなしという状況だったので、始業ベルが鳴っても授業をはじめられず、まずは教室を綺麗にすることからはじめなければなりませんでした。そうしたクラス・生徒でも、前述のような探究学習を行えることを実感できた実践だったのです。

このような経験を積むことができたおかげで、次のように考えるようになりました。

〈探究学習の当たり前を疑う――批判の視点で考える〉

●学習者中心の学習理論を過度に重視するあまり、どのような事柄も生徒に委ねなければならないなどとしてしまうと、かえって学習を停滞させてしまう面がある。

●探究学習は、一部（あるいは多く）の生徒を排除する可能性がある。

●探究学習は、学校間格差と社会における格差の影響を受ける面がある。

●学習の多様性を担保するためには、学習の個人主義化を避け、共に学び合える機運をつくる工夫が必要となる。

2　探究学習の進め方

探究学習は、次の8項目を意識しながら単元をデザインし、授業を展開することが大切です。

〈探究学習のポイント〉

(1)　単元を意識した手順とゴールが見える学習の見通しを立てる

(2)　「教えること」と「探究すること」の内容と順番を考える

(3)　聞き合いを意識したコミュニケーションを重視する

(4)　まとまりのある文章に触れる機会を意図的につくる

(5)　メディアに応じた情報の読解とメディア選択を行う

(6) 思考の見える化（外化）を工夫する

(7) 「書くこと」を通して知識の定着を図る

(8) 自己評価力を育成する

(1) 単元を意識した手順とゴールが見える学習の見通しを立てる

単元をスタートする「導入」において、どのような指導をするかによってその後の授業展開が大きく変わります。端的に言えば、単元のゴールはどこなのか（単元目標）を生徒にしっかり示すことです。これが、生徒が学習の見通しをもてるようにする第一歩です。

ただし、教師用に作成した単元目標をただ掲げるだけでは単なる形式にすぎないものとなり、学習の見通しには至りません。そこで、スタートからゴールに至る主な学習の内容と展開を簡潔に示し、その単元ではどのような学習を行うのか（学習の全体像）、どこがポイントとなるのかを生徒自身がつかめるようにします（マラソンに喩えると、全体のコース、10km地点ごとの目印、給水所の位置といったイメージです）。

探究学習は、一気呵成にたたみかけるような展開にはできません。むしろ山あり谷あり、ペースも速めたりゆるめたりするといったメリハリのあるストーリー展開を意識することが重要です。それに、一気に進めようとすると、生徒も息切れしてしまいます。

さて、ここまで当たり前のように「単元」という言葉を使ってきましたが、高校ではあまり意識されてこなかったように思います。しかし、探究学習を考えるうえでは欠かせません。

高校における単元には、教科単元と経験単元という二つの考え方があります。このうち、教科単元は、教科の基盤となる学問内容の知識・技能を体系的に位置づけるものです。

国語科であれば、文学、日本語学、国語科教育学などが基盤になりますし、日本史であれば、日本史学、世界史では、西洋史、東洋史など、数学であれば、数学教育などといった学問が基盤になります。必ずしも、教科と学問が1対1の関係にはありません。このように教科単元では、具体的な教材を中心にした教材単元というとらえ方があり、中心となる題材には固有の系統性があります。

それに対して経験単元は、実社会・実生活との関連を重視し、学習者の経験をひと連なりでとらえて組織化するものです。「地域に学ぶ」をテーマとした総合探究がわかりやすい例で、観察やインタビューなどを通して地域の課題について理解するといった地域のフィールドワークの要素を含んでいます。より活動的で、資料を読むだけでは得られにくい経験を行えるところに特徴があります。

この場合、地域課題に気づければよしとするのか、地域課題の解決策を考えるところまで踏み込むのかによって、単元目標はもとより、評価規準も変わってきます。

また、どちらの単元においても、主題（例：いのちを考える）を中心に据えてデザインする場合もあります。

このように、一口に単元といっても、考え方一つでさまざまなバリエーションを構想できるので、どのような内容を単元として構造化するのかを明確にしながら指導計画を立てるとよいでしょう。

(2) 「教えること」と「探究すること」の内容と順番を考える

「（教科書などを使い）知識を獲得させてから（教師が教えてから）経験させるのか」、それとも「経験したことをもとに知識を獲得させるのか」、探究学習にはこの2つのアプローチがあります。

どちらかが不正解ということはありません。いずれのアプローチにおいても共通することは、生徒が概念化された知識を獲得できるようにすることにあるので、「生徒に何をどう考えさせるか」に応じて教師が選択・判断すればよいでしょう。

また、どちらのアプローチにおいても、教師が説明すれば1分で済むような事柄まで生徒に考えさせる必要はないですし、生徒の手元に何一つ考える材料（知識）がないまま考えさせても、学習を前に進めていくことはできません。

漢文であれば、訓読法を知らなければ文意を読み取ることはできませんが、逆に訓読法さえ理解しておければ、複雑な構造の文章を読むことにも挑戦できますし、探究的に読むことも可能になります。このように、「教えるべきこと」を「教えるべきとき」に伝えるように、内容の程度とタイミングを吟味することが重要です。

ここまで指導計画を立てる際に単元を意識すること、生徒が単元の見通しをもてるようにすることの必要性について述べてきました。生徒自身が学習を通じて自分がいま単元のどの地点にいるのかを確認できるようになれば、自分の学習を適切に振り返ることができるようにもなります。

そこで、単元の要所要所において、たとえば「学習を通じて新たに知ったこと」「疑問に思っていたことのうち解決できたこと」など、学びの進捗状況について自己評価（または相互評価）を行うようにします。すると、自分がまだ足りていないところなどを生徒自身が発見したり自覚できたりするようになります。

この発見や自覚が、たとえば「もっと教科書を読み込んだほうがいいな」「変化することはわかったから、今度は変化しない物質について調べてみよう」などといった自己の学びを調整しようとするチャンスとなり、生徒のメタ認知を高めてくれるのです。

(3) 聞き合いを意識したコミュニケーションを重視する

結論とポイントを明確にし、シンプルでわかりやすく、ジェスチャーなども交えながら巧みに言葉を駆使して話をすることができれば、聞き手の心を動かすことができます。壇上に一人立ち、周囲の耳目を集める著名なプレゼンターのような語りです。それ自体は素晴らしい能力です。

しかし、どれだけ話すことに長けていたとしても聴衆とわかり合うことはできません。プレゼンは、突き詰めれば一方的な伝達にすぎないからです。これが、双方向性を必要とするコミュニケーションとの最大の違いです。つまり、流暢に話せることと他者とわかり合えることとは別の能力だということです。

では、探究学習を目指す授業の場面ではどちらの能力が必要とされるでしょうか。いうまでもなく後者です。相手の考えを受け止め、咀嚼し、自分の考えを再構築して相手に伝える。コミュニケーションは、その連続です。裏を返せば、相手の話をしっかり聞くことができないと成立しないのがコミュニケーションだということです。鍛えるべきは聞く力であることがわかるでしょう。

探究学習における学び合いとは、対話を通して新しい気づきや発想が生まれる聞き合いだと言い換えることができます。探究学習そのものの目的は、探究を通して自ら設定した問いに対する答えを自ら見いだすことにありますが、そのプロセスを通じてお互いの考えを適切に聞き合えるコミュニケーション能力を培っているとも言い換えられるのです。

そのトレーニングのためにも、グループでの話し合いだけではなく、高校においてもペアでの話し合いを授業に取り入れることが有効です。

(4) まとまりのある文章に触れる機会を意図的につくる

SNSを日常的に使いこなす生徒たちにとっては、短い文章が当たり前になっています。言葉を尽くして説明するという経験をあまりもっていません。考えを言い尽くそうとする文章は、彼らの目にはどうもカッコ悪く映るようです。

しかし、断片的な文章では文意を読み取ったり文脈を理解したりする力はつきません。そのため、まとまりのある文章を読む経験を積ませる必要があります。

その材料として、教科書の文章は最適です。教科書を蔑ろにせず、授業中に音読を取り入れ、ていねいに読むという場面を意識的に設けるようにします。

(5) メディアに応じた情報の読解とメディア選択を行う

Z世代と言われる高校生は、いわゆるデジタル・ネイティブです。彼らにとって新聞やテレビは、すでに古いメディアでしかありません。SNSや動画が主な情報源です。このSNSではバズった情報のみがクローズアップされる関係上、内容の偏りが大きく、世の中を大観するには不向きなメディアです。生徒たちは、このような情報環境のなかで日常生活を送っていることを頭に入れておくべきでしょう。

また、ネット上はフェイク・ニュースも少なくないことから、正しい情報かどうかを見分けるリテラシーも必要です。そこで、メデイアに応じた情報の読み取り方を指導したり（ネット記事の読み方と新聞の読み方は異なります）、ネット以外のメディア（テレビや新聞、書籍など）などの複数の情報と比較しながら、真偽を判断するような活動を設定します。

加えて、ネットの情報は即時性はあるものの、その分だけ客観的な根拠や妥当性が担保されないまま発信されている可能性があることについても論じ合えるようにします。

情報活用を扱う探究学習では、高校生とメディアの近さ・遠さ（親和性）を踏まえることが欠かせません。

スマートフォンなどを使って検索すれば知りたい情報にすぐにアクセスできると考えがちですが、多くのユーザーは最初に表示されたページのリンクしか踏みません。もう少し深く掘り下げようとするユーザーであっても、せいぜい4、5ページ目くらいまででしょう。

リンクの優先順位は検索語句の頻度などAIが峻別したものですから、自分にとって本当に必要な情報が上位にくるとは限りません。むしろ膨大な情報に埋もれてしまっていることもあります。こうしたことから、検索結果を鵜呑みにすることなく、新聞や書籍などにも当たりながら、その情報の確かさを確認するよう指導する必要があるのです。

資料2　スケッチブック型のホワイトボード

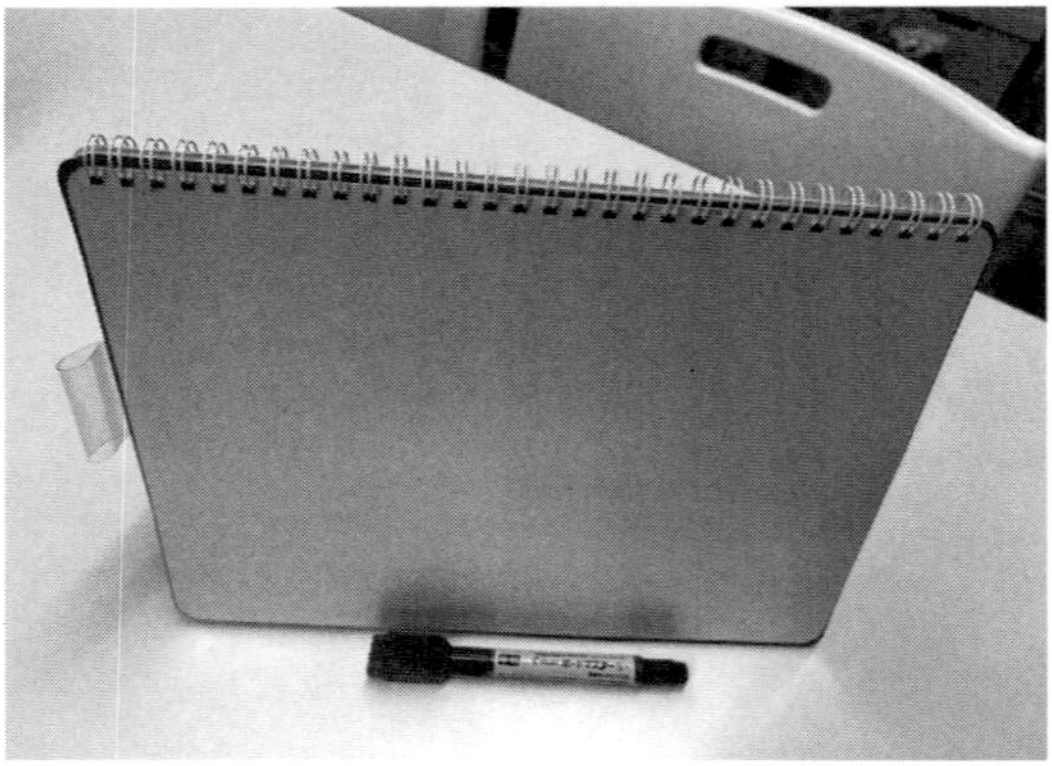

(6) 思考の見える化（外化）を工夫する

探究学習では、自分が考えたことを言語化したり図表化したりするなど、より考えを広げたり深めたりする活動を重視します。また、ペアやグループでの話し合いの可視化も重要です。お互いに交わした意見を箇条書きにして整理したり、図にしてわかりやすく示したりすることで共有し、自分の考えをグレードアップしていきます。このように自分の考えや他者の考えを「見える化」するのに役立つのが思考ツールです。

思考ツールにはさまざまなものが考えられますが、その一つに挙げられるのが小型のホワイト・ボードです（**資料2**）。話し合いの内容をお互いに確認したり、限られたスペースに収めるように箇条書きにしたり、図や絵で描いたりするのに有用です。タブレットやタッチペンであれば、書いた（描いた）ものをデータとして残すこともできます。

(7) 書くことを通して知識の定着を図る

探究学習においてＩＣＴ機器は大いに活用すべきですが、それと並行して自分の考えをノートに書くなど、フリーハンドで書く能力も欠かせません。不必要な文章をさっと消したり、コピー＆ペーストしたりすることができないなど不自由な分だけ推敲する力を養い、知識を定着させるのに有用だからです。

そこで、文章を読んだり、話し合いや討議を行ったりした後、意識的にフリーハンドで「書く学習」を設けるようにします。

(8) 自己評価力を育成する

生徒に小論文やレポートを書かせたときには前向きなレスポンスをコメントしたり、添削したりする必要はありません。これまで実践してきた私の実感として効果がないからです。教師が思うほど生徒の自己評価力は高まらず、書く力も向上しません。

それよりも、相当の時間を要しますが、生徒同士が相互評価を行い合う活動を授業に粘り強く取り入れるほうがはるかに効果的です。その際、あらかじめ教師の評価尺度を生徒に示してしまったほうが、生徒のほうも相互評価しやすくなります。

論理的な思考力や批判的な思考力を培うことも確かに大切なのですが、先行き不透明な時代を生き抜く汎用的な能力の筆頭は、他者とかかわり合う力、共に課題を解決しようとする力です。そのためには、生徒一人一人が「自分には何ができて、何が足りないのか」を知る力が欠かせません。そうした力を養うための相互評価を行う活動です。

カリキュラム・マネジメントを工夫する

1 カリキュラム・マネジメントとは何か

次の文章は『高等学校学習指導要領解説　総則編』「改訂の基本方針」からの引用です。

(4) 各学校におけるカリキュラム・マネジメントの推進

各学校においては、教科等の目標や内容を見通し、特に学習の基盤となる資質・能力(言語能力、情報活用能力(情報モラルを含む。以下同じ。)、問題発見・解決能力等)や現代的な諸課題に対応して求められる資質・能力の育成のために**教科等横断的な学習を充実すること**や、主体的・対話的で深い学びの実現に向けた授業改善を**単元や題材など内容や時間のまとまりを見通して行うこと**が求められる。これらの取組の実現のためには、学校全体として、生徒や学校、地域の実態を適切に把握し、教育内容や時間の配分、必要な人的・物的体制の確保、教育課程の実施状況に基づく改善などを通して、教育活動の質を向上させ、学習の効果の最大化を図るカリキュラム・マネジメントに努めることが求められる。

(傍線・太字は筆者)

少々込み入った文章なので傍線の箇所などを中心に分割します。

● 資質・能力を育成するためには、教科等横断的な学習を充実する必要がある。

● 単元・題材などの内容や時間のまとまりを見通して、主体的・対話的で深い学びを実現する授業改善を行う。

●カリキュラム・マネジメントは、生徒の教育活動の質を向上させ、学習効果の最大化を図るものである。

全体を要約すると、カリキュラム・マネジメントは「PDCAを意識しながら教科等横断的な視点で校内外のリソースを活用して生徒の学習を充実すること」にほかなりませんから、授業づくりの主体である教師一人一人が取り組むべき重要課題だと読み取れるでしょう。少なくとも、管理職やミドルリーダーのみに課せられたミッションではないことは明白です。

とはいえ、教科間連携は高校教育の苦手とすることの一つです。そこで、どのような考え方をもって臨めばよいかについて紹介します。

2 教科横断的な学習にチャレンジしてみる

高校では、教科の独自性が強いので、教科間連携を実現しにくく、簡単には教科横断的な学習を導入できないと思われがちです。また、他教科の教師との有機的な連携も、時間的・労力的に困難だといった見方もあるでしょう。

しかし、カリキュラム・マネジメントについては、あまりむずかしく考えずに、でき

資料3　国語科と英語科の教科横断的な取組例

国語科	英語科
[科目、学年] 現代の国語、1年 [単元名] 現代を読む [単元目標] 環境の設計に関する評論を読むことを通して、筆者のものの見方・考え方を理解し、グループディスカッションを行うことを通して、多面的・多角的なものの見方・考え方について学ぶ。	[科目、学年] コミュニケーションⅠ、1年 [単元名] 人間と自然の共生 [単元目標] 人間と自然に関する研究者のインタビューを読み、話題を発展させる表現、主張する表現、質問する表現などについて、コミュニケーション活動を通して学ぶ。

▼　▼

Step1 実施時期を一緒にする、あるいは、少しずらす。
Step2 同一の「問い」を設定する。
Step3 新聞に掲載された環境問題に関する日本語のインタビューを読む。

そうなことをシンプルに構成してみるといったアプローチがよいと思います。

たとえば、学年担任団で試験的に取り組んでみるくらいの気持ちでチャレンジするのであれば、それほど導入のハードルは高くはならないはずです（資料3）。

教科横断のために特別な授業をわざわざ用意するのではなく、「時期」「問い」「活動」のみを合わせていつものように行う授業が、生徒の学習にとっては横断的になるという考え方です。

3 単元や題材など内容や時間のまとまりを意識する

これまで高校では、「1時間単位の授業をどうするか」に主眼が置かれていましたが、それでは生徒の学習を探究型にすることは困難です。単元を重視し、題材・テーマについては、単元中の時間配分や単元相互のつながりを意識することが大切だからです。

教材を中心に考えた教科書の配列どおりの計画についても、必要に応じて再考が必要になるでしょう。そのうえで、年間を通してどの単元のどの場面で「主体的・対話的で深い学び」を重視した授業改善に取り組むのかを考えます。このような観点から、年間指導計画や学期ごとの単元構成を計画していきます。

教科と総合探究との連携を意識する

総合探究を充実するには、各教科で育成する資質・能力が鍵を握ります。加えて、話し合いや討議の仕方が身についている、読み手に意図が伝わる文章が書けることも必要となるでしょう。そのため、個人やグループでの研究を進める際、次のような課題を解消することが必要となります。

〈教師の困りごと（例）〉

●生徒が書く文章や説明がわかりにくい（5W1Hが不明確）。
●主語と述語が一致していない文を書く（「文のねじれ」）。
●接続詞の使い方がわかっていない。
●話し合いの仕方が身についていないため、雑談になってしまう。
●討議の仕方が身についていないため、意見が深まらない。
●話し合いや討議をすることで、生徒の人間関係が拗れてしまうことがある。

このような状況が顕著に見られるならば、総合探究の担当教員ができることは限られてしまいます。可能であれば、各教科において鍛えてもらいたいところではありますが、そうだからといって国語科の教師に「総合探究の充実のために、言語能力にかかわる指導を徹底してください」などとは言い出せないでしょう。

一方で、学習指導要領は、次のように指摘しています。

基礎的・基本的な知識及び技能の習得に課題がある場合には、それを身に付けさせるために、生徒の学びを深めたり主体性を引き出したりといった工夫を重ねながら、確実な習得を図ることを重視すること。

右の事柄については、どの教科においても意識しながら、日頃の授業に取り組んでいることでしょう。特に、文章を書いたり、話し合ったりするのは、すべての教科の学習にかかわる汎用性の高い技能です。国語科だけで育成できるものではありません。

問題は、高校では同一教科内はもとより、他教科の教師と問題意識を共有することがむずかしいことです。この点については、あまり大規模なことをやろうとするのではなく、まずは総合探究の担当教師と国語科の教師が情報交換する場を設けてみることです。複数の教師で総合探究を担当している場合であれば、担当教師と同学年の教科の教師との連携は比較的しやすいはずです。そうできるだけでも状況は変わってきます。

また、国語科の教師にとっては、総合探究の担当教師との情報共有によって日頃の問題意識がより顕在化され、日々の授業改善の足がかりとすることもできます。

ここでは、第1学年の共通必履修科目である「現代の国語」(2単位)の目標を例に考えてみます。

〈「現代の国語」の目標〉

言葉による見方・考え方を働かせ、言語活動を通して、国語で的確に理解し効果的に表現する資質・能力を次のとおり育成することを目指す。

(1) 実社会に必要な国語の知識や技能を身に付けるようにする。

(2) 論理的に考える力や深く共感したり豊かに想像したりする力を伸ばし、他者との関わりの中で伝え合う力を高め、自分の思いや考えを広げたり深めたりすることができるようにする。

(3) 言葉がもつ価値への認識を深めるとともに、生涯にわたって読書に親しみ自己を向上させ、我が国の言語文化の担い手としての自覚をもち、言葉を通して他者や社会に関わろうとする態度を養う。

この規定をよりどころとして、次のような総合探究との連携を構想することができます（次頁の**資料4**）。この例は、本章の冒頭で紹介した探究学習の横断バージョンです。

①総合探究側の学習

環境問題を単元として「地球温暖化対策をどう進めていくべきか」という問いのもとで、資料を読んだりインターネットで調べたりする学習を設定します。環境問題に関す

資料4　総合探究と国語科との連携

〈総合的な探究の時間〉

探究課題例：環境問題

・グループで環境に関する話題を決める。例：エネルギー問題
・話題に関して、さまざまな観点から学校図書館を活用して情報を収集し、吟味、整理する（メモや記録をする、図表にまとめるなど）
・情報を基に、伝え合う内容を検討し、伝え合いの活動を行う。
・「環境」に関する理解を深める。
・伝えたいことを明確にして、文章を書く。

〈現代の国語〉

A　話すこと・聞くこと

ア　目的や場に応じて、実社会の中から適切な話題を決め、様々な観点から情報を整理、収集して、伝え合う内容を検討すること。

B　書くこと

(ア)　目的や意図に応じて、実社会の中から適切な題材を決め、集めた情報の妥当性や信頼性を吟味して、伝えたいことを明確にすること。

る基礎的・基本的な知識を得ながら、脱炭素社会やCOP21、SDGsなどの国際社会での政策についての理解を深めていきます。

その際、脱炭素社会の実現に向けた身近な取組について話し合ったり、理解したことや話し合いを踏まえて文章にまとめたりする言語活動を積極的に取り入れます。

②現代の国語側の学習

「内容」の「A　話すこと・聞くこと」「B　書くこと」の領域で、総合探究で行った情報活用の学習内容（話し合いや情報の収集・吟味・整理）を文章にまとめる学習を行います。その際、総合探究の学習実施時期と交

差させることで、学習効果を上げるようにします。

新しい年度がはじまる前にお互いの情報を共有しておくのが理想ですが、生徒の課題が浮き彫りになった段階で相談をもちかけ、年度途中からでもかまわないので、部分的に連携するなど柔軟に行うとよいでしょう。

第2章

探究学習に欠かせない「問い」のタイプ

これからの「学び」をとらえる目線

国際教育到達度評価学会（ＩＥＡ）が２０１９年に実施した、国際数学・理科教育動向調査（ＴＩＭＳＳ）によると、諸外国に比べ、日本の子どもたちは以前として学習意欲が低いと言います。かねてより文部科学省も大きな関心を寄せてはきたものの、いまだ解決には至っていない教育課題です。

それと呼応するかのように、「真正の学び」という考え方がもち出されるようになりました。平たく言い換えると「本物の学び」と言って差し支えないもので、従来とは「学び」の軸足が異なる点に特徴があります。すなわち「学び」とは、教師が提供するものなのか、それとも子ども自らが見いだす（場合によっては、つくりだす）ものなのかです。

これまでの高校教育の立ち位置であれば、前者です。「生徒が理解できるように、いかに的確に教えるか」に主眼が置かれてきました。しかし、「真正の学び」の軸足は後者です。「いかに生徒が主体（学習者主体）となって、学ぶ意義や意味を感じ取り、自分ごと（当事者意識）をもって学びに向かっていくか」にあります（そのような意味では、「腑に落ちる学び」と言い換えるほうがわかりやすいかもしれません）。

この場合、教師の立ち位置は、教え導く者としての指導者よりも、生徒の学びを伴走する指導者としての色彩が強くなります。

このように考えると、これからの実社会・実生活に生きて働く資質・能力が要請されていることとも結びつく話だと思いますが、問題は高校教育においては、学習内容が高度化・抽象化することから、実社会・実生活との関連性を見いだしにくくなる点です。

《真正の学び》

真正の学び（authentic learning）
＝本物の学び
＝学習者の「腑に落ちる」学び
⇩
・自ら問いを立て、自ら主体的に解決できる
・積極的な学習者（Active Learner）を育てる

こうした考え方に対して、従来のカリキュラムは（生徒の側から見ると）最初からお膳立てされており、言うなれば「学びは常に外からやってくるものだ」ととらえられそう

です。だからと言って、カリキュラムそのものを生徒がつくりだすことはできません。そこで、教師から与えられた学習を生徒が自分のなかに落とし込む、いわば「内在化のプロセス」をいかにつくっていくかが、高校教育においては必要だと考えることができます。その手がかりとなるのが、探究の「問い」です。カリキュラムは教師（外的）によって与えられるものの、「問い」は生徒の側で（内的に）生まれるものでない限り、「真正の学び」＝「腑に落ちる学び」とはなり得ません。こうした「問い」を生徒自身で、あるいは仲間との協働によって生み出すプロセスをいかにつくるかだと言ってよいでしょう。

次に紹介するのは、ＴＩＭＳＳの調査結果を受け、２０２０年12月に当時の萩生田文部科学大臣が寄せたコメントです。今後の高校教育においても重要な視点であることが読み取れます。

> 今回の調査結果によると、我が国の算数・数学、理科の結果は、小学校・中学校ともに国際的に見ても引き続き高い水準を維持していること、前回２０１５年調査に比べ、小学校理科では平均得点が有意に低下している一方、中学校数学では平均得点が有意に上昇していることが分かりました。

また、小学校・中学校いずれも、算数・数学、理科の「勉強は楽しい」と答えた児童生徒の割合は増加していること、小学校理科の「勉強が楽しい」と答えた児童の割合は、国際平均を上回っている一方、小学校算数、中学校数学及び中学校理科の「勉強が楽しい」と答えた児童生徒の割合は、国際平均を下回っていることも分かりました。

文部科学省としては、児童生徒の学力・学習意欲の更なる向上を図るため、

・新学習指導要領の着実な実施により、主体的・対話的で深い学びの視点からの授業改善や、言語能力、情報活用能力育成のための指導の充実

・学校における働き方改革の推進、GIGAスクール構想の実現や少人数によるきめ細かな指導体制の計画的な整備の検討など、新しい時代の学びの環境の整備等の取組を学校、教育委員会等の関係者と連携・協力して推進してまいります。

(https://www.mext.go.jp/a_menu/shotou/gakuryokuchousa/sonota/detail/1422960_00001.htm)

「問い」の性格

「問い」についてまず念頭に置いておきたいのは、1単元ほどの桁で構成された短期的

な学習と、1年間をかけるような長期的な学習とでは、「問い」の立て方が異なるということです。

前者は教科型の探究学習で、短期決戦であるため教師があらかじめ「問い」を設定することが多いでしょう（その場合にも、「教師自身がしたいこと」ではなく、「生徒自身がしてみたいと思うこと」という視点から設定する必要があります）。

後者は総合探究における探究学習で、生徒自らが「問い」を自分ごとにすることで、はじめて活動を開始することができます。そのため、年間指導計画を作成するに当たっては、生徒同士の交流時間の確保と教師による指導が欠かせません。

大学時代の卒業論文を想起するとわかりやすいでしょう。最初に躓くのが研究テーマ、すなわち「問い」の設定です。どれだけ知見を詰め込んでも「問い」が不明瞭、または不適切であれば研究しようがなくなりますから、しっかり時間と労力をかける必要があるのです。

「問い」のタイプ

学習者主体の探究学習を進めるうえでは、どの程度のレベルの「問い」を立てるかについて考えておく必要があります。このとき、よく問題とされるのは知識の量です。

知識が豊富であるある人ほど質の高い問いを立てられるという研究があります。そうだとすると、生徒の知識がおぼつかなければ、そもそも問いを立てられないということになってしまいます。だからといって、教師が知識を教え込んだところで、生徒の側から主体的な「問い」は生まれてこないのも事実です。

いずれも程度問題です。すなわち、基礎的・基本的な知識についてはしっかり習得させながらも、細かい事実的知識を詰め込もうとしたり、無理に高度な知識の習得を求めようとしたりしないことです。このさじ加減が重要です。

また、知識の習得は一方向ではないことも念頭に置くべきでしょう。知識をベースにして問いを獲得するだけでなく、問いを通して知識の習得がより確実になるからです。つまり、基礎的・基本的な「知識」の習得と「問い」の設定との関係は、行きつ戻りつする往還的な関係にあると言ってよいでしょう。

加えて、基礎的・基本的な知識といっても固定的なものではありません。むしろ流動的です。目の前の生徒の実態によって決まるからです。そのため、あらかじめ獲得しておくべき基礎的・基本的な知識の中身や量についても吟味が必要です。

このさじ加減を間違えると、目の前の生徒にとって高度になりすぎて活動が行き詰まり意欲を低下させてしまったり、逆に簡単すぎて学びがいのない活動にしてしまうでしょう。

これらの点を踏まえつつ、以下、「問い」の設定については、次の３つのタイプを挙げたいと思います。

《想定される「問い」設定の３タイプ》

【①教師主導型】 教師が主導して具体的な「問い」を提示する。

【②生徒主体型】 生徒が自由な発想で問いを立てる。

【③折衷型】 教師または生徒がたたき台として立てた問いに対して、「その問いでよいか、適切か」などと、教師と生徒、生徒同士でやり取りしながら精査する。

1 総合探究における「問い」

「問い」を立てるに当たっては、「まずは活動の射程を大きく広げておき、そこから具体の学習を通じてだんだんと確信に迫っていけるようにする」ことが望ましいと言えます（投網漁をイメージするとわかりやすいかもしれません）。

このことから言えることは、最初から「本質的な問い」を設定しようとはしないことです。そうではなく、たとえば「地域の活性化」「持続可能な社会」などと学習テーマは明確にしつつも、学習を進めていくなかで「小さな問い」をいくつもつくっていき、一つ一つの「小さな問い」に答えを出しながら「大きな問い」を見いだし、最終的に「本質的な問い」に迫っていくということです。このプロセスそのものが探究学習の軸となります。

次は、その一例です。

《「問い」の例》

［小さな問い］

・町が活気づくとはどういうことか。
・私たちの町の現状はどうなっているか。
・私たちの町の課題は何か。
・町の人たちはどう考えているか、どんなことに困っているか、など。

［大きな問い］

・どうすれば、私たちの町は活気づくか。

［本質的な問い］

・町が活気づくために、高校生である私たちが地域とともにできることは何か。

総合探究の場合、最初から「本質的な問い」を立てようとすると、活動がすぐに行き詰ります。あらかじめ豊富な知識をもっていないと、机上の空論が飛び交ったり、実現可能性の意見に終始してしまうからです。それならばと、最初から豊富な知識を得ようとすると、ひたすら調べ学習を行うことになるか、教師による一斉指導に終始し、探究からは遠ざかります。

また、学習を通じて「小さな問い」をいくつも立てていかないと、学習するまでもなくわかりきった自明の答えにしかならない「大きな問い」となってしまうでしょう。

このように、「問い」には段階をつけることが重要だということなのです。

2 教科型における「問い」

教科型の場合には、単元という少ない時間数で解き明かしていく「問い」となるので、あまりに「大きな問い」を立ててしまうと答えにたどり着けません。また、「小さな問い」に小分けしすぎてしまうと、学習が教師と生徒との一問一答になるおそれがあります。いずれも探究学習にはなりにくいと言えるでしょう。

そこで、単元目標に則った「本質的な問い」（その単元で獲得するのが望ましい問い）を考えられるようにします。具体的には、最初の段階で「その単元の学習を通じて身につけるべきは何か（資質・能力の具体）」を生徒一人一人がつかめるようにしておきます。

つまり、生徒が理解しやすい言葉に単元目標を書き換えて伝えるわけです。これが「問い」を考えるうえでの見通しになります。そのような意味では、「学習問題」（小学校社会科）、「単元を貫く学習課題」（中学校社会科）に近い「問い」だと言えるかもしれません。

単元の学習の見通しをもてたら、実際に「問い」を立てていきます。その際、「（単元目標を実現するために）どのような問題（課題）を解決していきたいか」という視点から生徒と対話するとよいでしょう。

まずは直感的な思いつきの発言が多いと思います。教師の目から見ると、大きすぎたり小さすぎたりします。生徒のほうは、ある程度の見通しをもてるようにしておくとはいえ、教師のように単元全体の学習イメージを明確にもっているわけではありませんから、そのような状況は自然なことです。

そこで、「小さな問い」を考えていきます。その際、必要に応じて教師が「小さな問い」の例を出すのもよいでしょう。

その結果、「大きすぎる問い」になることもあります。これは抽象度の高すぎる「問い」

資料　3つの「問い」の関係性

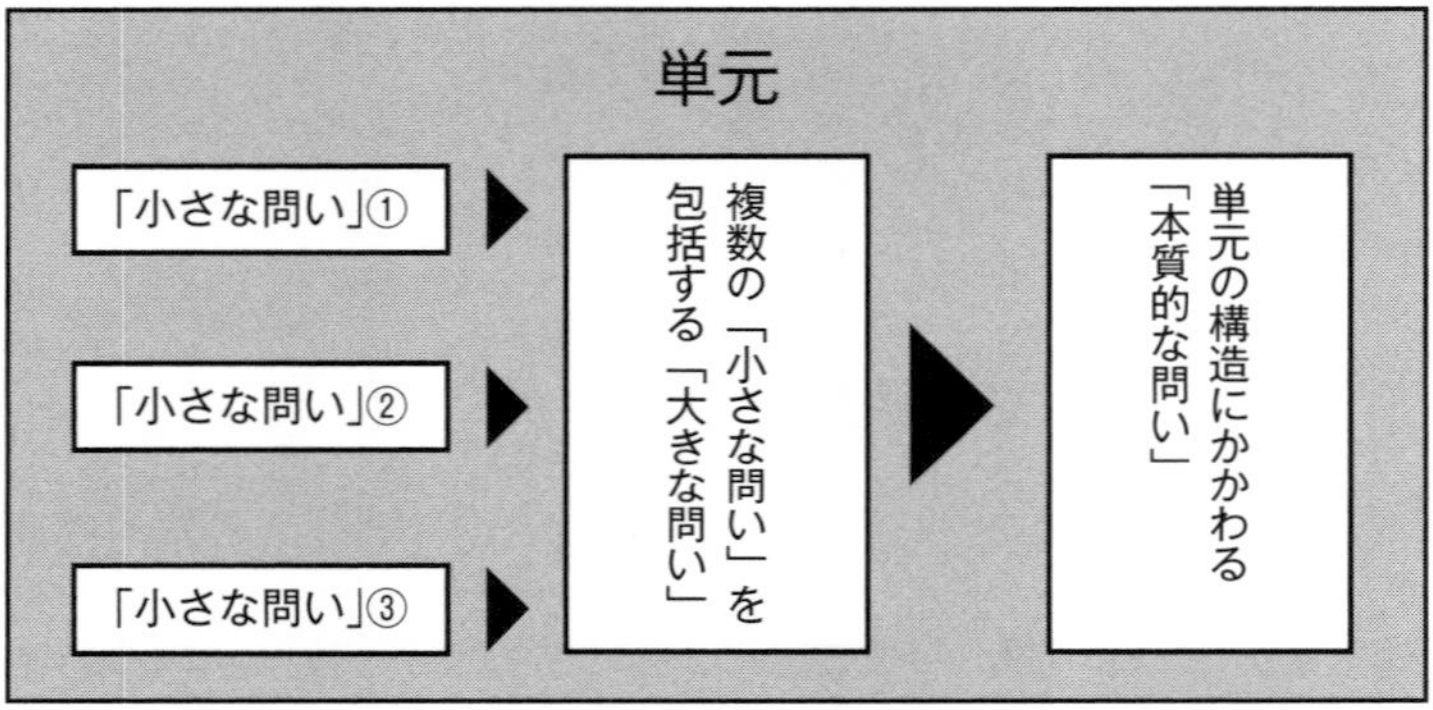

で、数時間の学習で探究できるものではありません。そこで、「より具体的な内容になるように言葉を工夫しよう」などと投げかけ、生徒に再考を求めます。

　このようにして、生徒と対話しながら「小さな問い」と「大きな問い」を整理して共通理解を図るわけです。これが探究学習を進めていくうえでの道しるべとなります。

　また、話し合いを通じて何かわからないこと、イメージしにくいことがあったときなどは、教科書や資料集に立ち返って読み込む活動を挟みます。教科によっては、「問い」を立てるための実験や観察、フィールドワークを盛り込むことも考えられるでしょう。

　最後に、本章で紹介した「問い」について整理しておきます。

《探究学習と3つの「問い」》

●「大きな問い」
学習内容を包括的に「見える化」する問い
・教師主導で提示する
・生徒が疑問に思ったことに基づいて立てた複数の「小さな問い」を教師が「大きな問い」に（包括的・構造的に）整えて提示する

●大きな問いに接近するための「小さな問い」
基礎的・基本的な知識につながる（関連する）問い
・教師主導で提示する＝従来の発問を中心にした学び
・生徒が主体となって疑問に思ったことを「問い」にしたもの

●単元の構造にかかわる「本質的な問い」
広い視野で客観的に対象をとらえ、深い思考を引き出すための問い
・もう一段深い思考を促す
・大きな問いをきっかけにして、さらに考えを突き詰める
・一般化、概念化を図りながら、抽象的な思考を養う

第3章

教科型の探究学習の進め方

教科型の探究学習の考え方

一口に教科型の探究学習と言っても、教師一人で進める場合もあれば、他の教師と連携しながら進める場合もあります。また、他の教師と連携する場合にも、同じ教科・科目の場合と他教科・科目の場合も考えられます。

一人ではじめる場合には、他の教師と学習内容や授業進度を調整する必要がないので、単独で年間指導計画を決めることができます。

同じ教科・科目の教師間で連携する場合には、一人で行うよりも、よりダイナミックな探究学習を行えるというメリットがあります。他方、教科によっては、もち時間数やもち科目数の関係で、学年のすべてのクラスを1人で担当できない場合もあり、同一科目を2人や3人で担当することも生じ得ます。

また、探究学習に対する考え方が違いすぎると、落としどころを見つけにくくなるという側面もあります。そこで、まずはお互いの授業を見合ったり、授業について語り合える関係性を築けるようにします。そのような同僚性が生まれれば、年間指導計画をつくる段階から、探究学習の取り入れ方についても共通理解を図れるようになります。

資料1　教科型で進める探究学習（例）

教科	
国語・外国語	・複数の資料から必要な情報を評価・取捨選択したうえで活用し、文章、図表を用いた資料、レポートなどにまとめる。情報を加工して発信する。
地歴公民	・社会的事象の中から課題を見つけ、資料を活用するなどして、多面的・多角的に考察する。考えを整理し、まとめる。
数学	・数学的なものの見方・考え方を働かせ、課題の解決のためのすじ道を立ててプランを練り、考察したり解決したりする。
理科	・自然事象をとらえ、解決のためのプロセスを構想し、実験・観察・フィールドワークなどを通して解決を図る。
音楽・美術	・ねらいやイメージ、発想を言語化する。自己の構想に従って表現を工夫しながら創造する。
保健体育	・自ら課題意識をもち、自己のパフォーマンスについて分析し、運動技能の改善を図る。 ・健康課題について考察し、解決の方向性や解決策を考える。
家庭	・生活上の課題や問題点を見つけ、よりよい解決の方向性や解決策を考える。

その際、「探究学習は、どの教師も〇〇の方法で進める」などと決めてしまわないことです。どれだけ正しい方法のように思えても、やがて縛りになります。そこで、探究学習の考え方については共有しておき、方法についてはそれぞれ自由に取り組むようにします。そのうえで、学習を進めていくうちに気づいた発見などについて定期的に情報交換を行うようにするとよいでしょう。

このようなゆるやかな連携にしておけば、お互いに切磋琢磨し合えるよい関係になります。

資料1は定型ではなく、あくまでも一例ですので、専門教科・科目ごとのヒントとしてとらえてもらうのがよいでしょう。

探究学習の単元をデザインする

1　単元をデザインするに当たって

教科型の探究学習は、総合探究に比べて時間数は限られています。また、すべての単元で行うことは現実的ではないことから、どの単元でどのように取り入れるかを吟味する必要があります。

また、「問い」をつくり、その解決に向けて学習を進めていくといっても、その過程で新たな知識を獲得するために教科書をていねいに読む、資料集を活用して自分が考えたことの根拠などを調べるといった学習活動そのものは、（探究学習といえども）従来の学習活動と何ら変わりありません。すなわち、単元で扱う「学習内容」や「学習活動」そのものに違いはなく、「学習展開」を問題（課題）解決型にしていくということです。

従来型の学習展開との決定的な違いがここにあります。学習活動が双方向性のある学習者主体の学びになっていくからです。当たり前のように行われるようになれば、「真正の学び」（腑に落ちる学び）は、生徒にとっても教師にとっても特別なものではなくなるでしょう。結果、生徒自身にとって必要な「自分ごとの学び」が日常化し、やがて学んだことが内在化していくようになります。

ただし、学習活動は従来どおりとはいえ、比重の掛け方は異なってきます。たとえば、「問い」の解決に向けた話し合いや討議などの言語活動を取り入れることや、自分の考えを整理するために図や表を作成するといった活動を積極的に盛り込んでいくことが必要となります。なお、このように図や表にまとめられるようにすることは、実社会・実生活で生かせる汎用性が高い技能だと言えます。

2 授業づくりのPDCA

次に、授業づくりの手順について確認しておきます（次頁の**資料2**参照）。まず特徴的な点を挙げると、授業実践中のCheckです。

単元目標そのものを変更することはしませんが、最初に想定した単元の評価規準が、実際の生徒の学習状況を適切に評価できるものとなっていないこともあります。その場合には評価規準のほうを修正しなければならないわけですが、その判断のために必要となるのが授業実践中のCheckです。

また、探究学習を行う場合に特に重要となるのが、評価規準のうちの「思考・判断・表現」です。疑問をもち寄る、問いを立てる、問いの解決に向けて考える、調べる、話し合うといった活動がメインとなるからです。そのため、生徒のパフォーマンスをしっかり見取ることが求められます。

ただそうはいっても、あまりむずかしく考えてしまうと、評価はかえって妥当性・信頼性から遠ざかります。そこで、授業実践中のCheckにしても、すべての生徒のパフォーマンスをつぶさに観察するというよりも、特に気になった事柄に限定して簡単に

資料2　授業づくりのPDCA

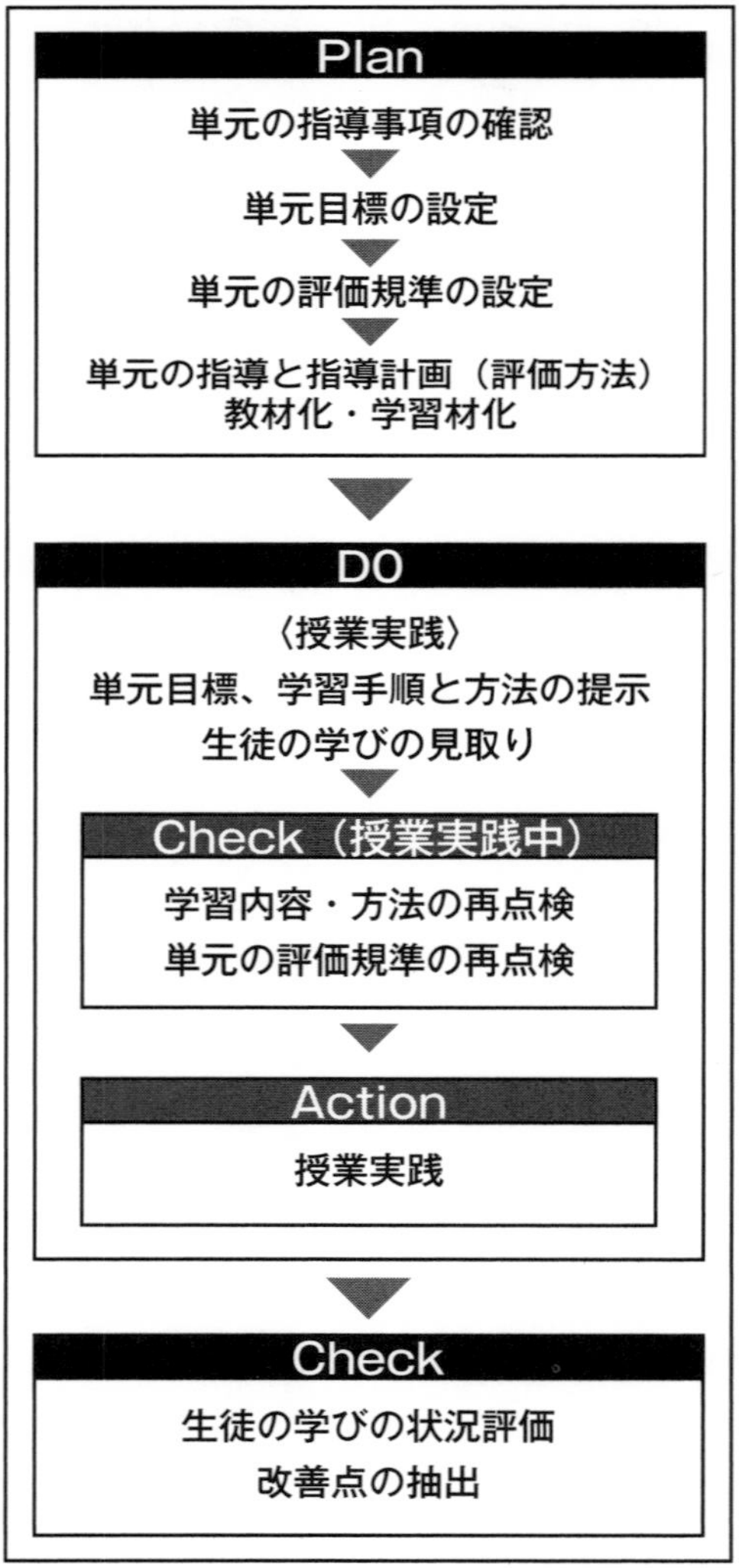

記録する程度に留めるようにします。最初に想定した評価規準で本当によいのかを確かめられればよいからです（評価については第9章で詳述）。

3 「問い」を中心にした学習モデル

「問い」のタイプについては、すでに述べたとおりです。この「問い」を建築に喩えれば、在来建築の構造を支える各種の柱のようなものだと考えるとよいでしょう。

また、「問い」を立てる際のタイプも前章で挙げたとおりで、「教師主導型」「生徒主体型」「折衷型」があります。このうちどの型が望ましいといった優劣があるわけではありません。教科特性や生徒の実態に応じて柔軟に考えるのが賢明です。

たとえば、最初のうちは教師主導で問いを立てるようにし、生徒が探究学習に慣れてきたら「折衷型」に移行していくという方法もあります。ただし、総合探究とは異なり、教科型の探究学習では単元目標の実現に向かっていく「問い」である必要があるとともに、時間数が限られていることから、「生徒主体型」にはしにくいというむずかしさがあります。

こうした点を踏まえつつも、生徒の直感的な発想は（たとえ単なる思いつきだったとしても）侮れません。意外にも学習の核心をついている場合があるからです。

たとえば、国語の授業で教材を読んだ直後の直感的な疑問などは、探究学習を進めるうえで重要な「問い」となる可能性を秘めています。また、数学の問題（課題）解決においても、ひらめきが思わぬ解法につながることもあります。

理科の授業においても、実験結果の再現性の根拠を問われた際、生活体験をもとにして答えた生徒の発言が（たとえ間違いだったとしても、その間違いによって）その後の問題（課題）解決を考えるうえでの切り口になることもあります。

資料3　教師による「問い」の提示プロセス

ステップ①

- 教師の説明（基礎的・基本的な知識の習得）
- 課題意識の醸成
- 習得した知識をもとに思考（活用）

▼

ステップ②

- 教師による「問い」の提示
- 「問い」の解決に向けた学習（活用）

4　1単位時間と授業の連続性

もっともシンプルな教科型の探究学習は、教科書を用いて教師が解説し、基礎的・基本的な知識を習得させながら課題意識を醸成し、そのうえで問いを提示する方法です（資料3）。

1単位時間の授業は「導入⇩展開⇩まとめ」によって構成されます。この考え方や方法は理にかなっており、今後もベースとなるでしょう。しかし、探究学習を取り入れる場合には発想の転換が必要となります。**資料**3に即せば、1単位時間ですべて行うことはせず、ステップ①と②の時間を分けるようにすることがポイントとなるからです。

ただし、そうだからと言って授業の構造が大きく変わるわけではありません。この例で言えば、〔「（第1時）導入①⇩展開①」⇩「（第2時）導入②⇩展開②⇩まとめ」〕といったように、2時間を連続した1コマととらえて「導入⇩展開⇩まとめ」を再構成している（入れ子にしている）ということなのです。

このように、探究学習においては「（単元を構成するうえで）生徒の学習の連続性をどのように保障するか」がたいへん重要になるのです。

5　単元をデザインする

次に紹介するのは、地続きの授業間の連続性ではなく、単元というひとまとまりを通して探究学習をデザインする考え方でありプロセスです。

次頁の**資料**4、5は、双方とも「『問い』を中心にした単元デザイン」です（「大きな問い」とは「小さな問い」を包括的に「見える化」する問いです）。**資料**4が「小さな問い」を積み重ねながら「大きな問い」に接近していくプロセスをデザインしているのに対して、**資料**

5は次の単元につなげていけるよう、「小さな問い」と「大きな問い」に対する学習を往還させながら、「本質的な問い」に迫るプロセスをデザインしています。

また**資料5**の場合には、「大きな問い」を見いだした後に、「本質的な問い」に迫る発展的学習も盛り込みます。このとき「大きな問い」の抽象度が高すぎると、「本質的な問い」に迫ることができないばかりか、「大きな問い」に対する答えを見いだすこともできなくなります。

そのため、「大きな問い」については、「小さな問い」から考えられ得る具体的な事柄を盛り込むことが必要になります。

ただし、**資料4、5**はあくまでも参考例にすぎません。たとえば、化学であれば、単元の当初で教師が実験をして見せて、生徒の興味・関心や学習意欲を喚起するとともに、「現象の本質

資料4　「小さな問い」から「大きな問い」に接近する

- 単元目標と学習手順を理解する（見通し）

▼

- 導入の「問い」を示して学習の動機づけを図り、「小さな問い」に接近する

▼

- 「小さな問い」を立てる

▼

- 「小さな問い」の解決を積み重ねる

▼

- 「大きな問い」は何かを考える

▼

- 「大きな問い」に対する考えをまとめる

▼

- 自分が何を学ぶことができたのかを振り返る

を問う問い」を提示するほうが効果的な場合もあるでしょう。つまり、「大きな問い」＝本質的な問い」と位置づけておき、単元の最初から学びの中心軸に据えるほうが望ましい場合もあるということです。この点については、教科・科目の特性に応じて柔軟に考えるとよいでしょう。

次は、「折衷型」の「問い」に基づく学習モデルです。

【導入】

〈第1段階〉

生徒が学習の見通しをもち、学習の動機づけを図る。

〈方法のバリエーション〉

・単元目標を理解する。

・これから学習する方法と順序を理解する。

資料5　「本質的な問い」に迫る

・単元目標と学習手順を理解する（見通し）

▼

・導入の「問い」を示して学習の動機づけを図り、「小さな問い」に接近する

▼

・「小さな問い」を立てる

▼

・「大きな問い」は何かを考える

▼ ▲ ←往還する

・「小さな問い」の解決を積み重ねる

▼

・「大きな問い」を見いだし、さらに深める

▼

・「本質的な問い」に迫る（次の単元につなげる発展的な学習）

▼

・自分が何を学ぶことができたのかを振り返る

【展開①】

〈第2段階〉

「大きな問い」に接近するための「小さな問い」を立て、学習の見通しをもてるようにする。

〈方法のバリエーション〉

●「導入の問い」を示し、教科書を読んだり、教師の話を聴いたりしながら、疑問や考えをもつ。

●疑問や考えたことを出し合う。

●疑問や考えたことをもとにして、「小さな問い」に仕立てる。

〈第3段階〉

単元を貫く（目標に迫る）「大きな問い」（学習内容を包括的に「見える化」する問い）を立てる。

〈方法のバリエーション〉

●「小さな問い」の共通点を見つけて、一つの問いに絞る。

●「小さな問い」のうち、最も多かった問いをまとめて「問い」としてまとめる。

●「小さな問い」をグループ分けして共通点を見いだし「大きな問い」にまとめる。

【展開②】

〈第4段階〉

●「小さな問い」の解決を積み重ねる。

〈方法のバリエーション〉

●教科書を読み込み（熟読し）、基礎的・基本的な知識を習得する。

●資料集を活用し、資料からわかることを明らかにする。

●実験や観察、フィールドワークを行い、わかったことを明らかにする。

〈第5段階〉

「大きな問い」の解決を図る。

〈方法のバリエーション〉

●話し合いや討議を行い、お互いの考えを伝え合い、聞き合いながら、自分の考えの参考にする。

●答えを集約して答えの方向性を見いだし、「大きな問い」の答えをつくる。

〈「本質的な問い」〉（視野を広くして考える構造的な問い）

「大きな問い」をさらに発展させ、視野を広くして、深い思考を促す。

【まとめ】

〈第6段階〉

●学習を振り返る。

●自己評価や相互評価を行い、単元全体の学習を通して気づいたことや理解したことを確認する。

この学習モデルも一例にすぎませんが、どのように単元を組み立てるにせよ、生徒の一人一人の疑問を切り口として（生徒が探究していくために必要となる）「小さな問い」を引き出していくことです。

「そうするためには活動の前提となる一定の知識が必要だ」というのであれば、単元の最初の数時間を使って知識の習得に当てるとよいでしょう。逆に、前の単元で学んだ既習が本単元で使えるようであれば、最初の段階から「小さな問い」をつくる活動に切り込んでいってもかまいません。

「生徒に教えてから生徒に考えさせるのか」、それとも「生徒が考えたことをもとにして教師が教えるのか」といった議論がありますが、どちらが正解などということはないのです。目の前の生徒の学習状況や知識の定着具合、探究学習の経験度などの諸要素を勘案して、「本単元ではどのような手順を踏むか」を、教師がそのつど選択・判断するほうが現実的だからです。そして、このような教師による思考実験こそ、単元全体を見通した探究学習をモデル化する下地となります。

常に見失ってはならないのは、単元目標の実現です。これは、探究学習であるかを問いません。加えて、探究学習の場合には、「単元目標を実現するには『生徒の疑問→問い→解決』という問題（課題）解決のプロセスをたどる必要がありますよ」ということを押さえておけばよいということです。

6　国語科と保健科目の学習モデル

(1)　国語科の学習モデル

国語科の1年では、現代の国語と言語文化が必履修科目です。芥川龍之介の名作『羅生門』は、これまで国語総合の教科書に採録されていましたが、（一部の教科書を除き）現在は言語文化の教科書に収録されています。

ここでは、『羅生門』を教材として、教師による導入の「問い」からスタートする学習モデルを紹介します（この作品を扱う授業では、教師の側が「エゴイズム」というとらえ方を生徒に出させて、きれいに収めがちな面があります）。

【導入】

〈導入の問い〉

「最初に通読して考えたり疑問に思ったりしたことは何か？」

〈生徒の反応〉

「羅生門の周辺は、とても不気味な感じがした」

「下人は行き場もなく、かわいそうに思った」

「どうして下人は老婆から着物を剥ぎ取ってしまったのだろう？」

「下人の行動が急に変わってしまった理由がよくわからなかった」

「老婆の言葉は自己中心的だと思った」

「老婆と同じように下人は身勝手だと思った」

「老婆と下人の行動は生きていくためには仕方ないと思った」

「下人の考えや行動はとても勝手だと思った」

「下人のゆくえが気になった」

「行き場のない下人がどこに消えていったのかが気になった」

【展開】

〈単元を貫く「大きな問い」〉（学習内容を包括的に見える化する「問い」）

生徒の反応を集約して教師が「大きな問い」として提示する。

「なぜ下人は簡単に気持ちと行動が変わってしまったのか？」

〈「大きな問い」に接近する「小さな問い」〉（基礎的・基本的な知識につながる「問い」）

●下人を取り囲む羅生門周辺はどのような雰囲気か？
●下人はどのような心境にあるか？
●羅生門の楼上はどのような状況か？
●下人は老婆の何に対して憎悪の念を抱いたのか？
●なぜ下人は急に気持ちが変わってしまったのか？

〈本質的な問い〉（視野を広くして考える構造的な「問い」）

「人はどういう環境下で気持ちや行動を変えるのか？」

【まとめ】

『羅生門』を最初に読んだときと学習を終えた現在とを比べて、自分の読みにどのような変化があったかを振り返り、自己評価したり、ペアやグループで相互評価したりする。

この学習モデルでは、「なぜ下人は簡単に気持ちと行動が変わってしまったのか？」という問いを「大きな問い」として設定していますが、もし生徒に余力があったり、もう少し深いところまで考えられると見込めたりするのであれば、さらにもう一段深く考え、思考を抽象化できるような「問い」を設けてみることも考えられます。

また、この単元では、下人の気持ちと行動に対する考えを糸口として視点を広げるために、「人はどういう環境下で気持ちや行動を変えるのか？」という問いを、「本質的な問い」（エッセンシャル・クエッション）として位置づけています。

こうした「問い」に正対するには、具体的なシチュエーションを想起できるようにすることが必要です。たとえば、コロナ禍という話題を通じて、「人はどのように行動し得るのか」という着眼点から考えさせたり、対話したりするようにすることで、次のような生徒の考えを引き出すことができます。

「人は案外、これまで当たり前だと思っていた様式を変えてしまうことがある」

「何をもって正義とするのかについては、必ずしも不変ではなく、時代や環境によっても変わり得る」

また、生命倫理にかかわるような話題に発展させることもできるかもしれません。このように、文学教材を扱った探究学習においては、（学習方法の一つとして）実社会・実生活と関連づけることで深く考えることを促すことができます。

(2) 保健科目の学習モデル

次は、「飲酒」について考える保健科目の単元の学習モデルです。より実社会・実生

資料６　付せんに表した事柄を記録する

資料７　記録した付箋を共有する

じて「飲酒のデメリット」を付箋に書き出し、ＫＪ法で分類する活動です。

特徴的なのは、ＩＣＴ一辺倒ではなく、まず付箋というアナログツールを使ったうえで、デジタルを活用している点です（配列した付箋をタブレットで撮影し、シームレスにクラス全員に情報を共有）。

＊

ここでは、国語科と保健科目の学習モデルの概要を紹介しましたが、あくまでも一例です。どの教科・科目においても、教師のちょっとした工夫で生徒が発展的に深く考えられる学習モデルを構想できると思います。日本史や世界史であれば、史実をもとにして現代的な「問い」を立て、調べ学習や対話を繰り返しながら、考えを深める学習にしていくことも可能だと思います。

ただし、留意すべき点もあります。それは「本質的な問い」は単元目標の実現のためにあるのであって、実社会・実生活と結びつけることが目的ではないということです。実社会・実生活の事象は、生徒が広い視野で物事をとらえ、客観的な視点から抽象的な思考力を養うための切り口だと考えるのが賢明でしょう。

なお、探究学習においては、問いの解決に向けて生徒同士が対話し合える時間を確保する必要があります。その場合にも、ただ時間をかければいいとするのではなく、「教師の説明」「教師と生徒の問答」「生徒同士の対話」という三者のバランスをしっかり図ることが大切です。

教科型の探究学習で留意しておきたいこと

①個人で考える時間をつくる

対話や討議といったグループで学習することの多い探究学習ですが、ただ話し合えば学習が充実するかといえば、（当然のことながら）そんなことはありません。生徒一人一人が自分ごととして「問い」に正対し、個々が考えを深められてこその対話であり討議です。〝活動ありき〟とならないよう、個人で考える時間をしっかり確保することに留意します。

②調べ学習の軸は教科書

いまどきの「調べ学習」というと、ＩＣＴ活用を真っ先に思い浮かべるかもしれませんが、ネットなどを使った情報収集に終始してしまうと、集めるだけ集めて学習に役立たせることができないということも起き得ます。

軸はあくまでも教科書です。教科書の内容を出発点として疑問に思ったことの解決や、「問い」の解決のためのＩＣＴ活動とすることが、迷走しない「調べ学習」のポイントとなります。

③補助教材を活用して、授業内で小さく調べる

教科型の探究学習では、１単位時間内に収まる「小さな問い」の桁で「調べる」ことを通して探究していける学習場面を設けます。そのため「問い」が大きすぎる（抽象的すぎる、難易度が高すぎる）と、授業時間内に学習が収まらなくなります。

ここでいう「小さな問い」とは、教科書や資料集を紐解けば答えが見つかる「問い」ですから、年表、便覧、地図帳といった補助教材なども積極的に活用したいものです。

学習が進むにつれて、「大きな問い」を見いだせる段階まできたら、学校図書館に所蔵されている資料などにも当たる活動を設定するのもよいでしょう。その場合にも、場当たり的に設定するのではなく、あらかじめ単元計画に位置づけておくことが肝要です。

第４章

［総合探究の進め方①］

カリキュラムのイメージをつかむ

総合探究について押さえておきたいこと

「総合的な探究の時間」は、「総合的な学習の時間」とは異なります。単に「学習」が「探究」となっているにとどまらず、内容は似て非なるものです。

総合探究は、高校教育に新たな息吹を注ぎ込むものであり、高校における探究学習のベースとなります。

まず「目標」を確認します。

第1　目標

探究の見方・考え方を働かせ、横断的・総合的な学習を行うことを通して、自己の在り方生き方を考えながら、よりよく課題を発見し解決していくための資質・能力を次のとおり育成することを目指す。

(1)　探究の過程において、課題の発見と解決に必要な知識及び技能を身に付け、課題に関わる概念を形成し、探究の意義や価値を理解するようにする。

(2)　実社会や実生活と自己との関わりから問いを見いだし、自分で課題を立て、情報を集め、整理・分析して、まとめ・表現することができるようにする。

(3) 探究に主体的・協働的に取り組むとともに、互いのよさを生かしながら、新たな価値を創造し、よりよい社会を実現しようとする態度を養う。

冒頭の「横断的・総合的な学習」は、すべての教科でも重視されるものであり、総合探究に限るものではない点に留意が必要です。

ただし、殊に高校においては、異なる教科間の「横断的・総合的な学習」の実現は難易度がきわめて高い実践です。そもそも高校では、教科の専門性を尊重し合うことを理由として、「他教科には関与しない」という暗黙の了解があるからです。

また、毎年もち回りで各教科から総合探究を担当する教師を充てるという高校もあるようですが、適切だとは言えません。各教科からそれぞれ担当者を決め、組織化して計画的に取り組む必要があります。

右に挙げた(2)では、「実社会や実生活」が強調されており、学校の学びと社会をつなぐという観点が重視されていることがわかります。

次は、「指導計画の作成」を確認します。

1　指導計画の作成に当たっては、次の事項に配慮するものとする。

(1)　年間や、単元など内容や時間のまとまりを見通して、その中で育む資質・能力の育成に向けて、生徒の主体的・対話的で深い学びの実現を図るようにすること。その際、生徒や学校、地域の実態等に応じて、生徒が探究の見方・考え方を働かせ、教科・科目等の枠を超えた横断的・総合的な学習や生徒の興味・関心等に基づく学習を行うなど創意工夫を生かした教育活動の充実を図ること。

(2)　全体計画及び年間指導計画の作成に当たっては、学校における全教育活動との関連の下に、目標及び内容、学習活動、指導方法や指導体制、学習の評価の計画などを示すこと。

(3)　目標を実現するにふさわしい探究課題を設定するに当たっては、生徒の多様な課題に対する意識を生かすことができるよう配慮すること。

(4)　他教科等及び総合的な探究の時間で身に付けた資質・能力を相互に関連付け、学習や生活において生かし、それらが総合的に働くようにすること。その際、言語能力、情報活用能力など全ての学習の基盤となる資質・能力を重視すること。

(5)　他教科等の目標及び内容との違いに留意しつつ、第1の目標並びに第2の各学校において定める目標及び内容を踏まえた適切な学習活動を行うこと。

(6)　各学校における総合的な探究の時間の名称については、各学校において適切に定めること。

(7) 障害のある生徒などについては、学習活動を行う場合に生じる困難さに応じた指導内容や指導方法の工夫を計画的、組織的に行うこと。

(8) 総合学科においては、総合的な探究の時間の学習活動として、原則として生徒が興味・関心、進路等に応じて設定した課題について知識や技能の深化、総合化を図る学習活動を含むこと。

右の(1)では、「生徒や学校、地域の実態等」「教科・科目等の枠を超えた横断的・総合的な学習」「生徒の興味・関心等に基づく学習」が示され、創意工夫を生かした教育活動の充実を図ることが求められています。なかでも「教科・科目等の枠を超えた横断的・総合的な学習」について明記されているのは、教科セクトによって総合探究の趣旨が生かされないことを戒めていると言えるでしょう。

(4)で挙げられている「言語能力」と「情報活用能力」では、すべての学習の基盤となる資質・能力として重視されていることがわかります。

最後に「内容の取扱い」を確認します。

2　内容の取扱いに当たっては、次の事項に配慮するものとする。

(1)　第2の各学校において定める目標及び内容に基づき、生徒の学習状況に応じて教師が適切な指導を行うこと。

(2)　課題の設定においては、生徒が自分で課題を発見する過程を重視すること。

(3)　第2の3の(6)のウにおける両方の視点を踏まえた学習を行う際には、これらの視点を生徒が自覚し、内省的に捉えられるよう配慮すること。

(4)　探究の過程においては、他者と協働して課題を解決しようとする学習活動や、言語により分析し、まとめたり表現したりするなどの学習活動が行われるようにすること。その際、例えば、比較する、分類する、関連付けるなどの考えるための技法が自在に活用されるようにすること。

(5)　探究の過程においては、コンピュータや情報通信ネットワークなどを適切かつ効果的に活用して、情報を収集・整理・発信するなどの学習活動が行われるよう工夫すること。その際、情報や情報手段を主体的に選択し活用できるよう配慮すること。

(6)　自然体験や就業体験活動、ボランティア活動などの社会体験、ものづくり、生産活動などの体験活動、観察・実験・実習、調査・研究、発表や討論などの学習活動を積極的に取り入れること。

(7) 体験活動については、第1の目標並びに第2の各学校において定める目標及び内容を踏まえ、探究の過程に適切に位置付けること。

(8) グループ学習や個人研究などの多様な学習形態、地域の人々の協力も得つつ、全教師が一体となって指導に当たるなどの指導体制について工夫を行うこと。

(9) 学校図書館の活用、他の学校との連携、公民館、図書館、博物館等の社会教育施設や社会教育関係団体等の各種団体との連携、地域の教材や学習環境の積極的な活用などの工夫を行うこと。

(10) 職業や自己の進路に関する学習を行う際には、探究に取り組むことを通して、自己を理解し、将来の在り方生き方を考えるなどの学習活動が行われるようにすること。

右の(5)で指摘されているとおり、探究学習においてタブレットPC等のICT活用は欠かせません（ICT活用については第8章でも触れます）。

(9)の「学校図書館の活用」や外部リソース（資源）の活用については、今次改訂の柱の一つである「社会に開かれた教育課程の実現」を念頭に置いたものです。総合探究においてはとりわけ、学校内だけで学習を完結することはまずありません。さまざまな人材が学校の教育活動に関与してもらえるようなカリキュラムにする必要があります。

⑽で明記されているキャリア教育については、「将来の在り方生き方を考えるなどの学習活動」を目指している点に特徴があります。この「在り方生き方」とは、「どのような人間を目指すか」「どのように生きるか」という迂遠な問いを内包するものですから、職業意識をもったり進路を考えたりするといった桁のものではない点に留意が必要です。すなわち、現在から将来につながる長いスパンを見通して自己理解を深め、そのうえで社会を知ろうとする学習をつくっていくことが大事だということです。

これまでは、職業調べやインターンシップ、大学訪問などで終わらせる学校は少なくありませんでしたが、そもそもの趣旨を見直して、「高校生に必要なキャリアとは何か」を問うところからはじめることが必要となるでしょう。

総合探究のカリキュラム・イメージ

総合探究は、教師間のコンセンサスを得たうえで学校として組織的に取り組めるカリキュラムを編成することが求められます。

次に挙げるのは、組織的な取組において必要となる着眼点です。

●学校として「育てたい生徒像」に近づけるように、新たな学校文化・教師文化を創造するつもりで取り組む。
●高校生活を通して、生徒自身が授業での学びや学校生活のさまざまな活動に意欲的に取り組めるよう学習環境を整備・充実する。
●教師自身が思いや願いをもって意欲的に授業づくりに取り組める環境づくりに努め、教師一人一人のよさや専門性を生かせる組織づくりに取り組む。

このように総合探究のカリキュラムは、学校や生徒の実情、地域の状況などを踏まえたうえで、生徒ファーストでつくることが必要です。ただし、ゼロベースでつくることもむずかしいことから、まずは、右の着眼点を軸に既存のカリキュラムを見渡しつつ、総合探究の目標実現に資するように改編することからはじめるのがよいでしょう。

ここでは、次の2つのカリキュラム例を紹介します。

1　教師の専門性を生かした研究活動を中心に行うカリキュラム

●個人研究

個々にそれぞれ自由に研究テーマを設定する

●共同研究
履修者が同じ研究テーマで取り組む
グループで同一の研究テーマを設定する

2 学校の特色を生かしたテーマ設定を行うカリキュラム

●環境問題
●福祉問題
●グローバル教育（SGH指定校など）
●自然科学（SSH指定校など）
●地域の課題を教材・学習材として設定する
●地域の自治体や事業者と連携した地方創生を扱う

1 教師の専門性を生かした研究活動を中心に行うカリキュラム

生徒が自分の興味・関心のあるテーマを選んで個人研究（またはグループ研究）を行う場合に適したカリキュラムです。

要諦は、各教科・科目からあらかじめテーマを設定しておく（講座名を示す）ことです。そうすることで、生徒がどのテーマを選ぶにせよ、各教師の専門性を生かして指導に当たることができます。

私は以前、都立中高一貫校で6年間を見通したカリキュラム開発をサポートしたことがあります。そのときには、3年（前期課程・中学3年）と5年（後期課程・高校2年）で、次の講座を開設しました。

〈英語科〉

［講座名（テーマ）］児童文学について学ぼう
［担当教師の専門性］英文学のなかでも、特に児童文学についての知見がある。
［探究学習］『くまのプーさん』を取り上げ、平易な英語の原文に触れながら、児童文学について少しずつ理解を深められるようにしていく。
［留意事項］テーマが「英文学を読む」「英文学について学ぼう」だと広すぎる。

国語科は私の専門教科でしたので、3年生では「村上春樹を読む」や「大江健三郎を読む」という講座を、5年生では「メディア研究」という講座を開設して生徒を募ったところ、それぞれ10名ほどの生徒が集まりました。

前者の生徒の選択理由は、およそ次のようなものでした。

「名前しか聞いたことがなく、読んだことがなかったので読んでみたい」「名前だけは聞いたことがあるので、これを機会に研究してみたい」

講座では、双方とも短編を一緒に読むところからはじめ、生徒で分担して作品について調べ、発表するという学習を行いました。

戦後初期のメディア教育についての研究を続けていたこともあって、「メディア研究」では、新聞活用も取り入れる講座としました。

ほかにも、生徒とのディスカッションを行う際、新聞社の編集委員に参加してもらったことがあります。この編集委員の方にはメディアについて生徒と一緒に考えるというフラットな立ち位置でディスカッションしてもらったことで、たいへん闊達な対話が生まれました。

2 学校の特色を生かすテーマ設定を行うカリキュラム

総合探究のカリキュラムは、学校の方針次第です。近年、各校の実情に応じて、「これから本校が力を入れたい」と考える教育活動にフォーカスした実践が増えてきました。たとえば、進学校では、高大接続を意識したカリキュラムが開発されています。進学を第一とはしない高校においては、地域社会との結びつきを意識したカリキュラムも少なくありません。ジャンルもキャリア教育、環境教育、福祉、自然科学教育、グローバル教育など多様です。

いずれの学校にも共通することは、各学校の課題意識に根ざしたテーマを重点的に扱うことで、カリキュラムの特色化を図っている点です。

ほかにも、自然科学教育に力を入れるのであれば、スーパーサイエンスハイスクール校（文部科学省指定）制度を利用することで、全校を挙げて計画的・継続的に取り組む学校もあります。

資料1は、スーパーサイエンスハイスクール校の指定を受けた熊本県立天草高等学校の取組（2019年2月）で、ポスターセッション（研究成果のまとめ）の様子です。

理数科の理数探究基礎や理数探究として設置し、学校の必履修科目として位置づけることで総合探究に読み替えることもできます。

また、国際理解教育に力を入れている高校では、英語科と連携して学校の特色を際立たせる実践もあります。

資料1　ポスターセッションの様子

キャリア教育と関連づけるカリキュラムをつくる

キャリア教育の場合、地域の課題と連携させることにより、具体的なカリキュラムをつくることができます。

キャリア教育は、進路指導とは異なり、いわゆる出口指導として生徒の卒業後の進路選択を指導するものではありません。

就職難であった1960年代のアメリカでは、キャリアカウンセリングが重視されるようになり、教育心理学やカウンセリング心理学の研究者を中心として、青年期のキャリア形成に関する研究が進められていました。

この分野の研究が、わが国で注目されるようになったのは1990年代に入ってからですから、ようやく定着してきたといったところでしょうか。ただし現在においても、キャリア教育というと職業観・勤労観の育成、ないしは進路指導の延長といった狭義の受け止め方も少なくありません。また、広義にとらえる場合にも、自らの能力・適性を理解し、自己の在り方生き方を考え、社会の変化に対応していける「人生を設計するスキル」の育成が主軸となっていると考えられます。

ここで紹介するのは、総合学科の高校である横浜市立横浜総合高等学校の事例です。学校の最寄りは弘明寺駅で、京浜急行線と横浜市営地下鉄線に挟まれた位置に古くからの商店街があります。横浜の中心地に近いなど利便性の高い位置にありながら、昔ながらの雰囲気が残る地域です。

同校では、**資料2**を掲げ、生徒一人一人に以下のスキルの育成を目指しています。

資料2　重点目標

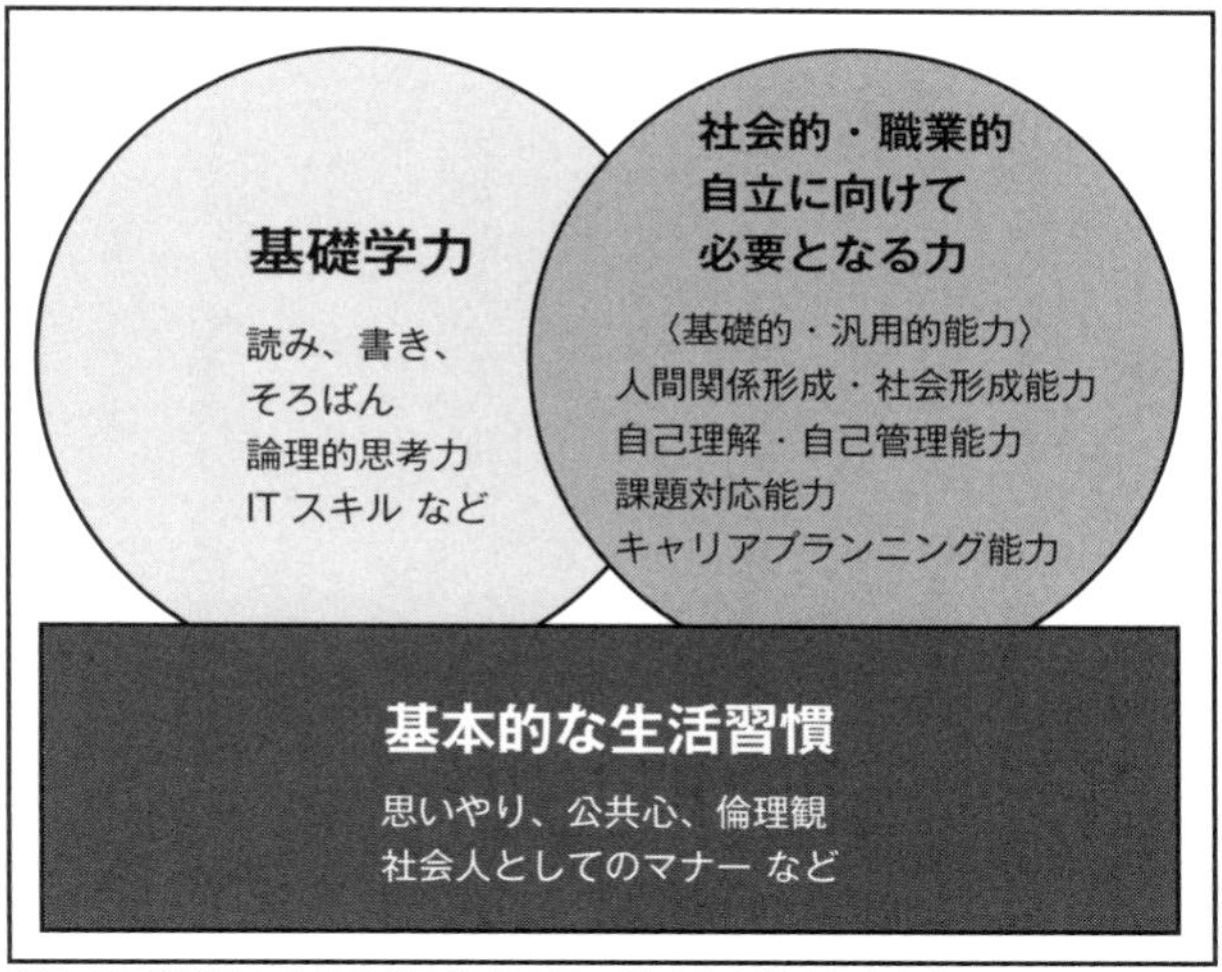

経済産業省資料と文部科学省資料を基に横浜市立横浜総合高校がアレンジ。

●自己肯定感、自己有用感
自己の役割の理解、前向きに考える力、ストレスマネジメント、主体的な行動力

●課題発見力、課題解決力
情報の理解・選択・処理、本質の理解、原因の追究、計画立案・実行力

●人間関係形成、社会適応力、社会形成能力
他者の個性を理解する力、他者に働きかける力、コミュニケーション・スキル、

チームワーク、リーダーシップ

●キャリア・プランニング能力

働くことの意義や役割の理解、社会を生き抜く力、多様性の理解、将来設計

同校では、「社会的・職業的自立に向けて必要となる力の育成」を目指し、1年生では「産業社会と人間」において、2年生以降は総合探究において、地域の商店街などと連携しながら体験的に学んでいきます。地域での貢献活動をキャリア教育の一部に位置づけて、複数回実施しています。

ある年の2年生の主な学習展開は次のとおりでした。

●生徒は地域に出かけていき、商店街の人たちにインタビューをしながら、地域の特色を理解するとともに、地域の抱える課題などについて情報を集める。

●地域のフィールドワークを通じて、商店街には放置自転車が道を塞ぎ、店の営業や歩行者の邪魔になっている状況に気づく。

●生徒たちは、商店街の人たちと一緒に放置自転車を減らす方法について考え、ポスターをつくったり、アイデアを提案したりする。

また、ある年の3年生は、南区役所、南消防署、特定営利法人・南区地域子育て支援拠点「はぐはぐの樹」（子育てしている保護者と地域で子育てを応援する人のための施設）などから示された課題の解決に取り組み、その成果をまとめてポスター・セッションを行っています。

生徒は、地域にある課題を学習材として問題（課題）解決していく探究学習を行うことを通して、他者と円滑にコミュニケーションを図る力や交渉力を身につけていきます。それが、彼らのキャリアを形成する基盤づくりとして成立しているわけです。加えて、「社会に開かれた教育課程」の一助としている点で、興味深い実践だと言えるでしょう。

探究学習を通じて地域に貢献する

限界集落とまではいかないまでも、日本の山間地域はおおむね人口減少と少子高齢化の問題に直面しています。そのような地域にある高校では、生徒も集まりにくく、定員を割ってしまうことも少なくありません。その結果、廃校になってしまえば、地域に住む子どもたちは地域外にある高校に通わざるを得なくなります。

このように、学校がなくなってしまうと、若い家族の転入が減ってしまい、地域の少子高齢化は加速してしまうという悪循環に陥ります。このように問題はますます深刻さを増していく状況にあります。

こうした点に楔を打ち込むがごとく、総合探究を通じて地域に根ざした特色ある実践を行う高校は増えてきていると感じます。地域の人たちと教師・生徒が切実な課題を直に共有し、その課題解決に向けて一緒に考え、実行に移していく実践です（資料3）。

その結果として、学校と地域との結びつきが強まり、地域を支える担い手（新たな人材）として生徒が育っていきます。

抜本的な解決にはなかなか至らないでしょうが、地元に就職する生徒や地域の外から戻ってくる人の増加など、事態の深刻度をスピードダウンするの

資料3　学校と実生活・実社会（地域社会を含む）の関係

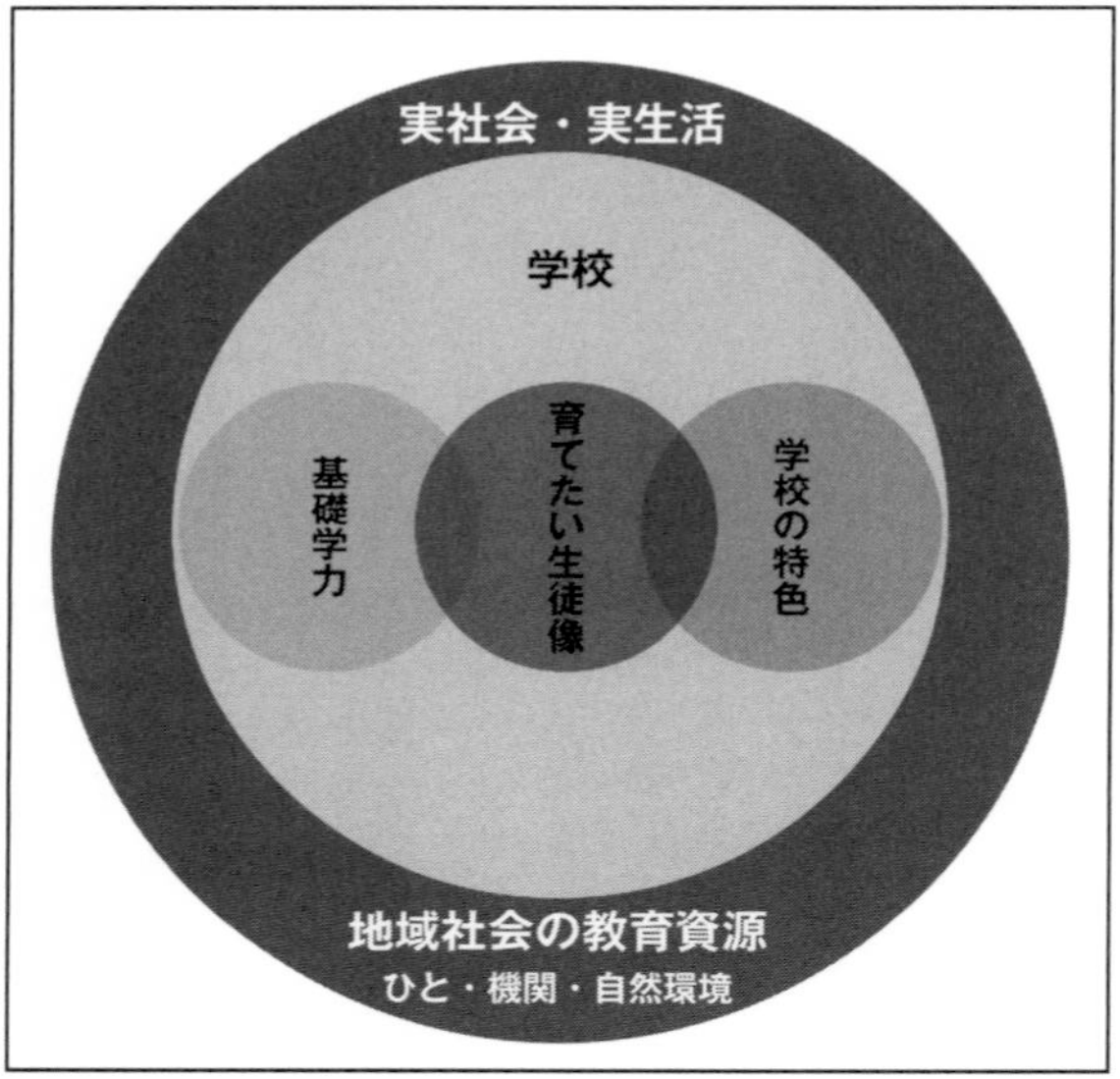

に一役買っていることは間違いないでしょう。

ＩＣＴの進展によって自宅でも仕事ができる業種も増えてきました。一極集中型ではなく分散型の働き方など、ポストコロナ社会では、人々の価値観もよりいっそう変わっていくと思われます。そうした時代の変化を見通すような自由な発想の実践は、今後ますます求められてくると私は考えています。

第5章

[総合探究の進め方②]

グランドデザインを構想する

総合探究のグランドデザイン

まず行うべきことは、グランドデザインを描くことです。

学校としてどのような教育的意義を見いだすのか（教育理念や教育目標を具体化するか）を明確にしたうえで年間指導計画に落とし込みます。そうすることにより、異動や退職などによって管理職や教師が変わっても、基本設計が揺るがなくなるという継続性が担保されます。

加えて、グランドデザインさえしっかりしていれば、「こんなことやっても、あまり意味はない」「面倒だ」といった否定的な意見が出てきたとしても、生徒の学習状況や社会状況などに応じて柔軟にカリキュラムをマイナー・チェンジすることで対応することができます。

カリキュラムの全体的な特色、生徒の実態、社会の実態を土台として、そのうえに教育理念（創立理念）、教育目標、育てたい生徒像、カリキュラムの基本的な枠組、具体的なカリキュラムを乗っけるというイメージをもつとよいでしょう（**資料1**）。

このうち、カリキュラムの基本的な枠組みとは、総合探究の「内容」の方向性です。

キャリア教育、自然科学教育、グローバル教育、課題研究などさまざま考えられますが、どの「内容」に重点を置くかをしっかり決めておきます。

資料1　グランド・デザインの構造

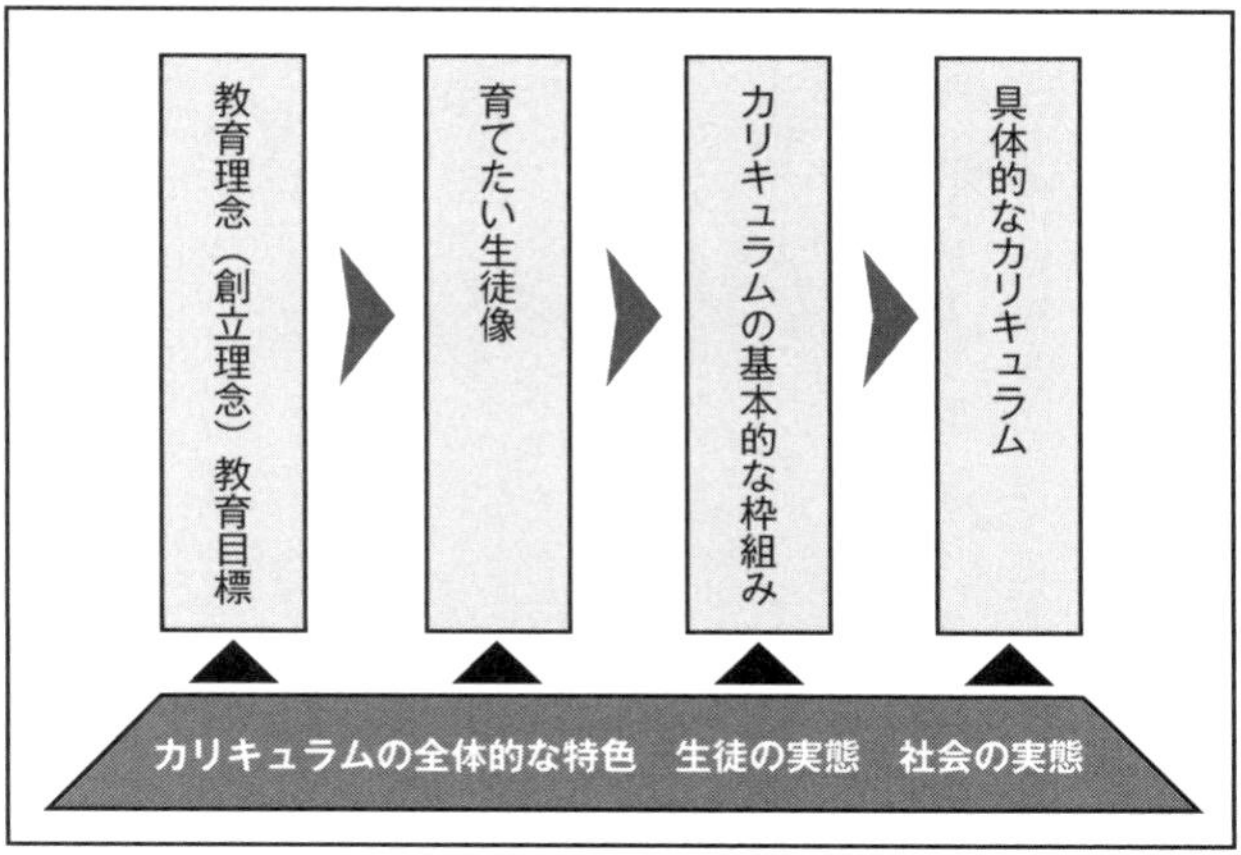

育てたい生徒像を考える際には、わが校の教育理念（創立理念）や教育目標を踏まえることが大切です。もし、育てたい生徒像を明確にすることがむずかしいと感じられる場合には、教育理念や教育方法が生徒の実態や社会の実態を踏まえたものになっていない可能性が考えられます。

学校教育目標そのものは、学習指導要領に定める「知・徳・体」をベースにした抽象度の高い内容になっていることも多いでしょうから、学校教育目標の下位に「資質・能力」ベースのサブテーマを教育理念や教育目標に充てるのもよいでしょう。

いずれも重要なことは、どの教師もイメージできる具体的な言葉を使った目標になっていることです。そうであってはじめて、育てたい生徒像も明確になります。

実際の策定に当たっては、総合探究の担当者任せにするのではなく、教務主任が窓口となってとりまとめを行い、校長や副校長・教頭と調整しながら組織的に策定し、全教職員の理解を得ることが重要です。

加えて、各教科・科目との関係や特別活動とのつながりも意識できるようにすれば、わが校における総合探究の位置づけがはっきりします。

弱みを強みに変える

よく生徒の実態というと、「うちの生徒は読解力に課題がある」などと課題ばかり列挙することが少なくなくありませんが、弱み（苦手なところ）だけでなく、強み（得意なところ）の把握があってこそ、グランドデザインの土台がしっかりします。さらに言うと、弱みの克服よりも強みの強化のほうに力点を置くのが得策です。

これまでの高校教育は、どちらかと言うと弱みの克服に注力されてきたように思います。そのために行われてきたのが反復です。繰り返し読む、書く、計算する、走る、跳ぶといったトレーニング重視、教師主導の教育活動です。それはそれで大切なことなのですが、それだけでは生徒は受け身であり続け、自ら主体的に学んでいく学習とはなり得ません。

そこで、理数系が得意な生徒であれば、幅広く自然科学に触れ、学際的に学んでいけるカリキュラムを考えます。この場合の「得意」は、特定分野の基礎学力が高いという意味ではありません。どちらかと言うと、「好き（または、嫌いではない）」に近い。

たとえ教師の目から基礎学力が低いように見えても、苦手意識をもっていなかったり、積極性が見られたりしていれば「強み」だとみなすということです。そのような視点から、強みを強化する探究学習を充実できれば、その過程で基礎学力もついてきます。これが、「弱みを強みに変える」の意味です。

よく「うちの生徒に探究学習は荷が重い」といった声を聞くことがあります。そうした声が校内にある場合には、各教科・科目の数値的な評価のみで生徒の能力を固定的に判断してはいないか、そうした判断が態度に現れて、生徒の自信を奪っていないかをよく考えてみる必要があります。

高校教育として身につけさせるべき学力は確かにあるのですが、テストのたびに「できる・できない」という基準のみで線引きしてしまえば、生徒は学習意欲をもちようがなく、自信ももてないばかりか、苦手意識を育てるだけです。これは基礎学力の高い生徒であっても同様です。「いったい、どこまでやったらできたことになるのか」がわからないからです。

そこで目を向けたいのは、休み時間や部活動、特別活動などでの生徒の様子です。教師の目から見たら学力が低いとしか思えなくても、クラスメイトと積極的にコミュニケーションを図る生徒がいたり、困っている生徒を助けている生徒がいたり、豊かな発想で周囲を笑わせる生徒がいたりするはずです。こうした生徒の多様な個性や能力を生かせるチャンスをカリキュラムに盛り込むのです。すなわち、「生徒の得意なこと（好きなこと、嫌いではないこと）は何か」を探り出し、言語化するわけです。

たとえば、「人と話すのは嫌いではない」「体を動かすのは嫌いではない」「文

資料2　「小さな得意」を強みに変える

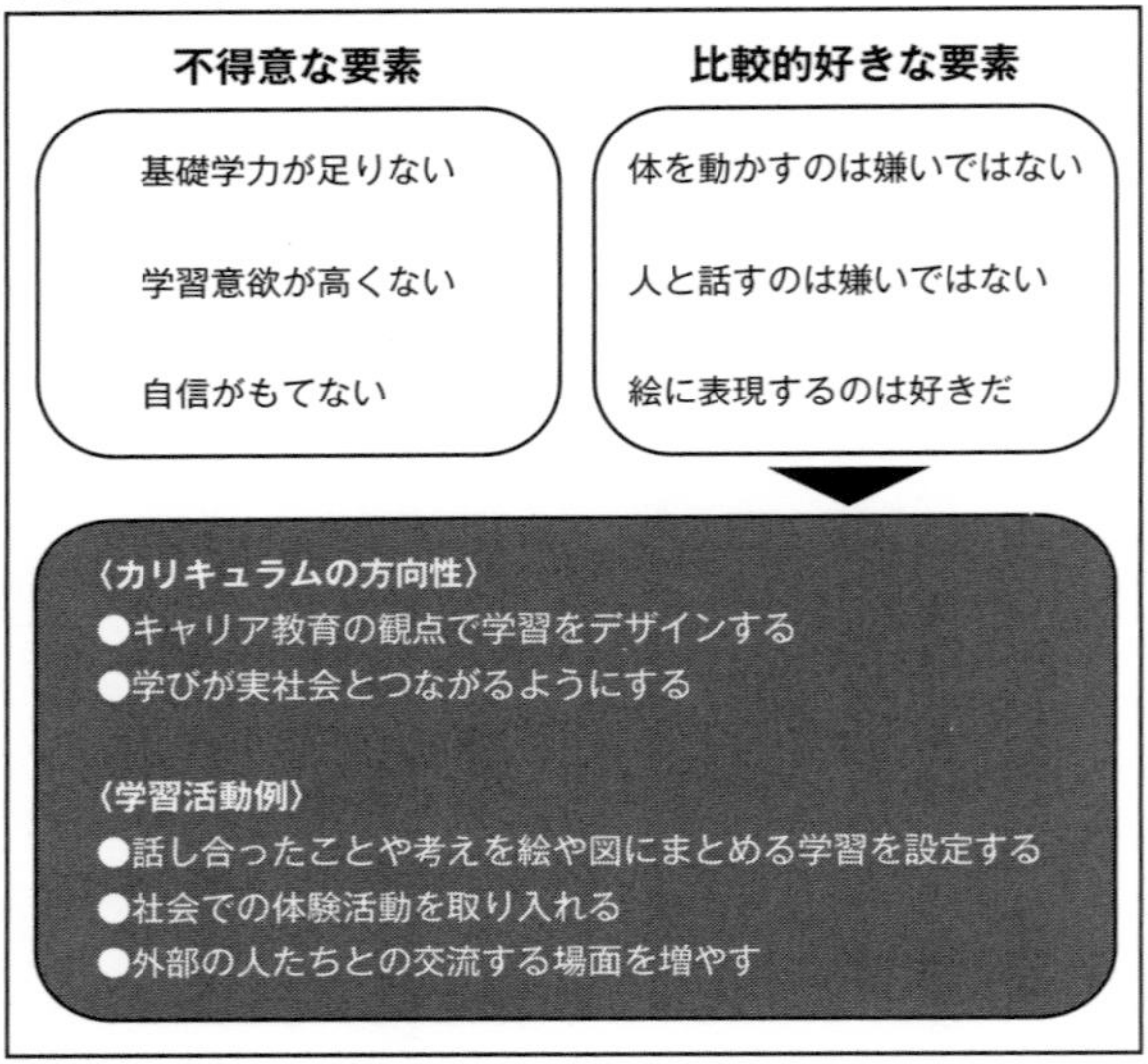

不得意な要素
基礎学力が足りない
学習意欲が高くない
自信がもてない
比較的好きな要素
体を動かすのは嫌いではない
人と話すのは嫌いではない
絵に表現するのは好きだ
〈カリキュラムの方向性〉
●キャリア教育の観点で学習をデザインする
●学びが実社会とつながるようにする
〈学習活動例〉
●話し合ったことや考えを絵や図にまとめる学習を設定する
●社会での体験活動を取り入れる
●外部の人たちとの交流する場面を増やす

章を書くのは苦手だけど絵にするのは好きだ」といった事柄を言語化できれば、ポジティブな生徒像をイメージできるようになり、総合探究のカリキュラムの方向性が浮かび上がってくるでしょう（資料2）。

その際、実社会で働く大人と接する機会をつくり、課題意識を共有して解決に向かっていこうとする枠組みを考えます。地域の大人を生徒の学習のためのお客さんにすることなく、探究学習を進めるうえで欠かせないパートナーになります。

資料3　総合探究の推進チーム

委員会型のチーム

教頭・副校長　　教務部の担当教員
各教科の主任教員　　教務主任
学校図書館担当教員（司書教諭、図書館係等）

プロジェクト型のチーム

〈Aパターン〉希望者から構成される有志のみ
〈Bパターン〉校長指名による学年・分掌を超えた組織

推進チームをつくる

総合探究のグランドデザインを描くに当たって、校長が分掌するといった縦割りの委員会型のチームを組む以外にも、経験年数や職階を越えてフラットにアイデアを出し合うことのできるプロジェクト型のチームを組む学校もあります（資料3）。そこで、ここでは推進チームの組織について紹介します。

まずは学校図書館担当者をメンバーに加える委員会型の推進組織です。探究学習を重質するには、学校図書館の図書や新聞などの資料を大いに活用する必要があり、学校図書館担当者との連携が有用だからです。司書教諭がいない場合は、学校図書館係の教職員などに加わってもらうとよいでしょう。

資料4　横断的な組織づくり

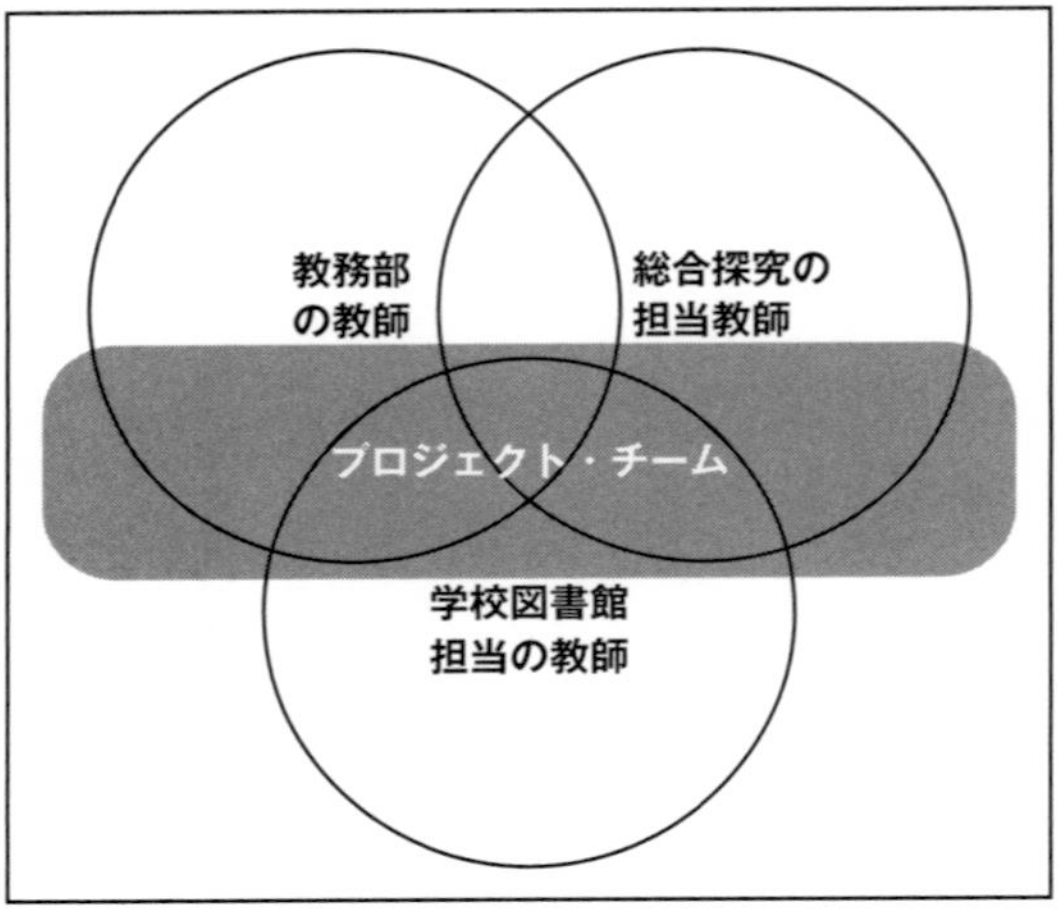

プロジェクト型のチームの場合には、有志を募り、教務部の教師、総合探究の担当教師（途中から加わる場合もあります）、学校図書館担当の教師が横断的につながるように組織します（資料4）。

各窓口は若手の教師が担えるようにし、校長や副校長・教頭、教務主任は、彼らが提案したプランでいけそうかについて助言するとともに、校内の他の教師の理解を促す支援者としての役割を担うようにします。

そうすることで、前述のように経験年数や

職階に左右されないフラットな関係を築けるようになります。

また、腰の重い（新しいチャレンジをしたがらない）中堅以上の教師が多数を占める学校などで総合探究を充実したい場合にも、若手中心のプロジェクト型チームが効きます。

ただ、そうなるためにも、管理職がチーム外の先生方をしっかりフォローし、チームのプランがしっかり遂行できるように、きめ細かく手を貸すことが欠かせません。

総合探究の担当者を決める

次に紹介するのは総合探究の担当者の決め方です。大きく分けると次の２つが考えられます。

①担当学年のクラス担任がクラスごとに担当する

●学年の判断によって、取り組むテーマが異なる。

●学校が決めた学年ごとのテーマにそれぞれ取り組む。

②各教科から担当教師を出す

●学校で決めたテーマに取り組む。

●担当者で相談してテーマを決める。
●担当者がそれぞれテーマを決めて、講座制で希望する生徒を担当する。

よく見られるのは、①のパターンでしょう。

クラス担任であっても、教務部、進路部、生徒部（生活指導部・生徒指導部）のいずれかの分掌を兼務していることが多いと思います。その場合には、教務部に所属しているクラス担任が総合探究担当を担うと、（負担過重にならないように留意する必要がありますが）教務部との連携がしやすくなります。

ただし、①のパターンであっても、学年でバラバラ、学級ごとにバラバラであっては、総合探究の課題や成果といった資産を共有できず、カリキュラムの系統性や継続性を担保できません。

学校全体で実現を目指す教育目標や育てたい生徒像に向かって探究学習が行われてはじめて、生徒の成長を期することができます。そこで、大枠としてのテーマは学校として決め、そのテーマに則りつつも、探究学習へのアプローチの仕方や活動内容はクラスに委ねるようにします。

加えて、各教師の専門性を結集して行うことが望ましいのが総合探究です。クラスごとに活動する際にも、可能であれば、学年の教師間で協働的に取り組めるようにすることが理想です。そうできれば、個々人の負担も軽減し、教師間の同僚性も高まります。

年間指導計画をデザインする

次の設定に基づいて、年間指導計画を考えてみたいと思います。

【教育目標】 グローバル化する社会を念頭に置き、国際理解に資する英語教育の特色化を図る。
【育てたい生徒像】 社会に広く関心をもち、主体的に学び続けようとする生徒を育てる。
【担当教師の思いや願い】 多様に変化する社会に関心を向けて、さまざまな知識を広く身につけたり経験をしたりしてほしい。
【単元デザインのねらい（基本構想）】 SDGs の目標のなかからいくつかを取り上げて、「わがこと」（当事者意識）として考えさせよう。
【担当教師の専門教科】 公民科
【アウトプットの場】 グループごとに探究したことをポスターにまとめ、ポスター・セッションを行う。

この設定に基づいてまとめたのが**資料5**の年間指導計画例です。

自分の専門教科を意識した年間指導計画とすることで、生徒に着目させたいことは何か、どのようにして探究していくかといった学習内容を設定しやすくなります。専門教科が公民科でない場合には、学年主任を通して公民科の教師にアドバイスをもらえるように連携します。

資料5に即して単元展開を紹介します。

1学期は、基礎的・基本的な知識の習得のプロセスです。4月のオリエンテーションにはじまり、資料を読みながら、SDGsに関する知識を身につけていきます。

2学期は、知識の活用のプロセスです。グループごとに1学期に学んだ基礎的・基本的な知識をもちよって深く学びたいと考える達成目標を考えます。加えて、学校図書館の図書や新聞、インターネットなどの資料を活用して調査活動を行い、各自で調べたことをレポートにまとめます。

3学期は、表現のプロセスです。グループ内で2学期に作成したレポートを読み合い、お互いの考えを共有します。そうした考えをポスターにまとめて発表します。意見がついたらポスターに反映します。

3月には、全校で探究学習発表会を開催し、ポスター・セッションを行います。

資料5　SDGsをテーマとした1年間を見通した指導計画例

教育理念・1年間の見通し	学期ごとの計画
教育理念 **自主・自律** **〈1年間の見通し〉** 学校としての「育てたい生徒像」 “社会に広く関心をもち、主体的に学び続けようとする生徒” **担当教師の思いや願い** 「多様に変化する社会に関心を向けて、さまざまな知識を広く身につけたり経験をしたりしてほしい」 ⇩ **単元デザインのねらい（基本構想）** “SDGsの目標のなかから、いくつかを取り上げて、「わがこと」（当事者意識）として考えさせよう”	**1学期** 4月　オリエンテーション / SDGSの基本的な知識を習得する 5月　達成目標についての資料を読みながら、知識を深める 6月　達成目標についての資料を読みながら、知識を深める 7月　1学期の学習を振り返り、レポートに簡潔にまとめる **2学期** 9月　グループで取り上げたい達成目標を選び、基本的な内容を確認する 10月　選択した達成目標について学校図書館を活用して調査する 11月　調べたことをグループで共有し、討議する / レポートにまとめる 12月　クラス内（講座内）で発表する **3学期** 1月　レポートを読み合う / グループでポスターを作成する 2月　講座内でポスター・セッションを行い、修正する 3月　全校探究学習発表会でポスターセッションを行う

　このように学校を挙げて発表会を実施する場合には、校務の運営会議や職員会議の場を活用して、学年を越えた情報共有を行うことが欠かせません。

　すべての教師で総合探究の目的意識を共有できていれば、「隣のクラスよりも」といった競争意識ではなく、協働意識でお互いのもつリソースを相互に活用できるようになるでしょう。

第6章

[総合探究の進め方③]

授業をつくる

総合探究の特質を押さえる

「高等学校学習指導要領解説　総合的な探究の時間編」（以下、「解説」と略）においては、総合的な学習の時間と違いを次のように説明しています（**資料1**は「解説」より引用）。

総合的な学習の時間は、課題を解決することで自己の生き方を考えていく学びであるのに対して、総合的な探究の時間は、自己の在り方生き方と一体的で不可分な課題を自ら発見し、解決していくような学びを展開していく。

そのうえで、（「解説」掲載の）**資料2**を交えながら、次のように「質の高い探究」について説明しています。

高等学校においてこのような生徒の姿を実現していくに当たっては、生徒が取り組む探究がより洗練された質の高いものであることが求められる。質の高い探究とは、次の二つで考えることができる。

一つは、探究の過程が高度化するということである。高度化とは、①探究において目的と解決の方法に矛盾がない（整合性）、②探究において適切に資質・能力を活用している（効果性）、③焦点化し深く掘り下げて探究している（鋭角性）、④幅広い可能性を視野に入れながら探究している（広角性）などの姿で捉えることができる。

もう一つは、探究が自律的に行われるということである。具体的には、①自分にとって関わりが深い課題になる（自己課題）、②探究の過程を見通しつつ、自分の力で進められる（運用）、③得られた知見を生かして社会に参画しようとする（社会参画）などの姿で捉えることができる。

資料１

第１の目標	
総合的な学習の時間(平成 29 年告示)	総合的な探究の時間(平成 30 年告示)
探究的な見方・考え方を働かせ、横断的 ・ 総合的な学習を行うことを通して、よりよく課題を解決し、自己の生き方を考えていくための資質・能力を次のとおり育成することを目指す。(後略)	探究の見方・考え方を働かせ、横断的・ 総合的な学習を行うことを通して、自己の 在り方生き方を考えながら、よりよく課題を発見し解決していくための資質・能力を次のとおり育成することを目指す。(後略)

資料２　課題と生徒との関係（イメージ）

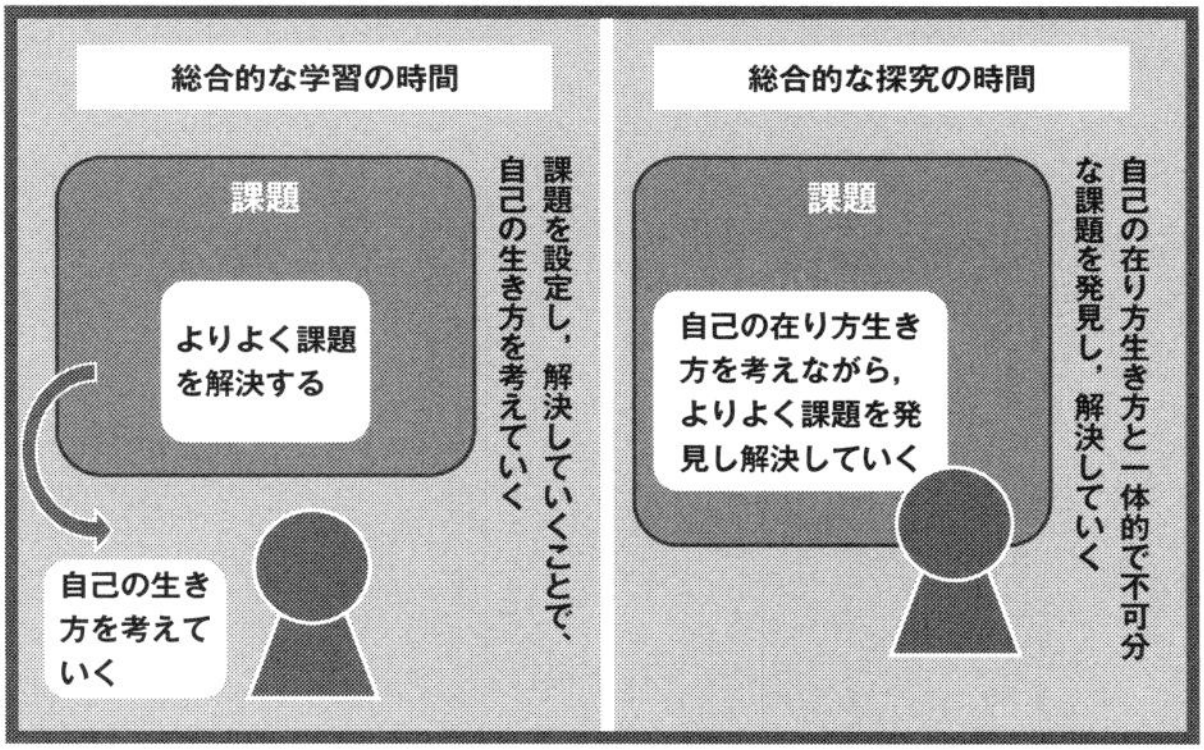

他教科・科目等における探究学習との違い

また、「解説」においては、他教科・科目との違いについても、次のように触れています。

一つは、この時間の学習の対象や領域は、特定の教科・科目等に留まらず、横断的・総合的な点である。総合的な探究の時間は、実社会や実生活における複雑な文脈の中に存在する事象を対象としている。

二つは、複数の教科・科目等における見方・考え方を総合的・統合的に働かせて探究するという点である。他の探究が、他教科・科目における理解をより深めることを目的に行われていることに対し、総合的な探究の時間では、実社会や実生活における複雑な文脈の中に存在する問題を様々な角度から俯瞰して捉え、考えていく。

そして三つは、この時間における学習活動が、解決の道筋がすぐには明らかにならない課題や、唯一の正解が存在しない課題に対して、最適解や納得解を見いだすことを重視しているという点である。

（傍線は筆者）

さらに、次の一文を付記しています。

> 実社会や実生活における課題を探究する総合的な探究の時間と、教科の系統の中で行われる探究の両方が教育課程上にしっかりと位置付き、それぞれが充実することが豊かな教育課程の実現につながると考えられる。

こうした説明から、総合探究においては、複雑化する社会事象や問題をとらえること、答えが一つではない課題に対して、より最適だと考えられる答えや、（多くの人々からの納得を得られる）妥当性のある答えを見いだせるようになることを期待していることがわかります。

そのために必要なことは、探究学習を通じて生徒一人一人が課題を見いだし、当事者意識をもってその課題解決に取り組む学習に没頭できるようにすることです。問題は、生徒自身が目の前の課題を自分ごとにすることができるかでしょう。

高校教育における教科・科目の学習の多くは、（あえて語弊のある言い方をすれば）生徒にとっては他人ごとです。先人がつくり出した原理・原則・法則等に基づいて、教師・学校から与えられた問題を解かされるのですから、これは自然な受けとめです（単元のまとまりを意識しながら授業を課題探究にできれば、教科・科目の授業であっても、生徒は自分ごととして学習に取り組めるようになります)。

それに対して、総合探究においては、生徒がそもそも学習を自分ごとにできなければ、「解説」が求めている学習成果を期待することは叶わず、どのような課題解決も絵空ごととなってしまいます。ここに、総合探究のむずかしさがあるのだろうと思います。

ほかにも、調べ学習を取り入れれば探究になるわけではない点にもむずかしさがあります。

どのように調べ学習を取り入れるかという視点から考えようとすると、インターネットを使うか、図書館を使うかなど「どの手段をどう組み合わせるのか」という点に意識が向きがちです。しかし、それでは、どれだけ調べ学習に時間をとっても、「わかったつもり」から抜け出せず、課題解決には向かっていきません。

もちろん、総合探究において調べ学習そのものは欠かせませんが、それを単なる作業にしない、教師の指導による次のような条件整備が必要となります。

●インターネットで検索するだけでは確証が得られないような「問い」を設定できるようにすること。

●その「問い」の答えを自分たちの力で解き明かしたいと生徒が思えるようにすること。
●何のために調べるのか、目的を明確にすること。
●何をどう調べたら、ちゃんと調べたことになるのか、ゴールイメージをもてるようにすること。

こうした諸条件をクリアできれば、手段（インターネットや図書館）の選択を生徒に委ねることもできるようになります。ただし、どんなに優秀な生徒でも最初からできるわけではありません。そのため、探究学習に慣れ、探究するおもしろさを感じられるようになるための継続した指導が必要となります。

このようにできれば、調べることを目的化させず、「インターネットは課題解決の糸口を見つけるのには便利だが、それに頼るだけでは解決に至らない」「そうであれば、次にどんな手段を使って調べればよいか」といった発想を、生徒は自然ともつようになります。

その結果として、一つ一つの平面的だった情報が、いくつもの手段によって組み合わされることで立体的になっていきます。加えて、自分の課題意識などがどのように変容しているかに気づき、学習を自ら調整していけるようになります。これが、次の学びに向かう態度を形成します。

探究の学習プロセスをつかむ

「解説」においては、**資料3**を使って探究学習のプロセスを説明しています。

①課題の設定 → ②情報の収集 → ③整理・分析 → ④まとめ・表現

次は、探究の過程における留意点です（学習指導要領「内容の取扱い」）。

(4) 探究の過程においては、他者と協働して課題を解決しようとする学習活動や、言語により分析し、まとめたり表現したりするなどの学習活動が行われるようにすること。その際、例えば、比較する、分類する、関連付けるなどの考えるための技法が自在に活用されるようにすること。

(5) 探究の過程においては、コンピュータや情報通信ネット

資料3　探究における生徒の学習の姿

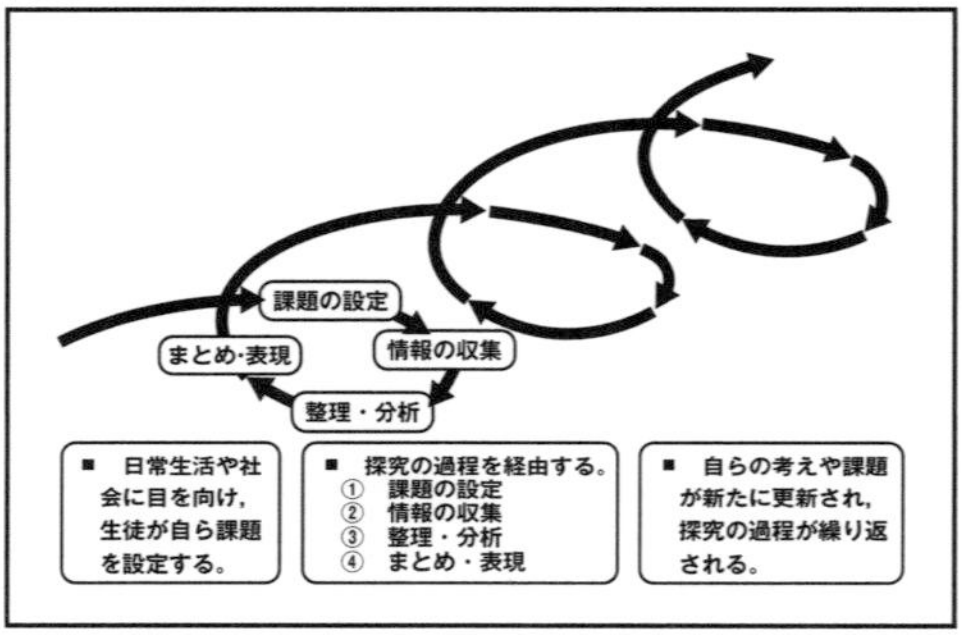
課題の設定
情報の収集
整理・分析
まとめ・表現
■ 日常生活や社会に目を向け，生徒が自ら課題を設定する。
■ 探究の過程を経由する。
① 課題の設定
② 情報の収集
③ 整理・分析
④ まとめ・表現
■ 自らの考えや課題が新たに更新され，探究の過程が繰り返される。

ワークなどを適切かつ効果的に活用して、情報を収集・整理・発信するなどの学習活動が行われるよう工夫すること。その際、情報や情報手段を主体的に選択し活用できるよう配慮すること。

（傍線は筆者）

傍線の「他者」とは、「共に学習を進めるグループだけでなく、ホームルーム全体や他のホームルームあるいは学校全体、地域の人々、専門家など、また価値を共有する仲間だけでなく文化的背景や立場の異なる人々をも含めて考える」としています。

また、「言語により分析し、まとめたり表現したりする学習活動」については、次が例示されています。

〈考えるための技法の活用〉

考える際に必要になる情報の処理方法を、例えば「比較する」、「分類する」、「関連付ける」など、技法のように様々な場面で具体的に使えるようにするもの

- 集めた情報を共通点と相違点に分けて比較する
- 視点を決めて分類する
- 情報を分析し意味付けること

●体験したことや収集した情報と既有の知識とを関連付ける
●時間軸に沿って順序付ける
●理由や根拠を示す

〈言語により分析する対象〉

●観察記録やインタビューデータといった質的なもの
●アンケートや質問紙などにより収集した量的なデータ

〈言語によりまとめたり表現したりする学習活動〉

●分析したことを論文やレポートに書き表す
●口頭で報告する

（傍線は筆者）

前述の探究学習のプロセスを、より高校教育においてわかりやすいものとするため、私は**資料4**のように8段階でとらえています。このようなプロセスをつくるには、単元を強く意識する必要があります。そのうえで、探究の段階をつくり、スモール・ステップで学習を進めていけるようにします。また、探究学習のプロセスは一方通行ではなく、段階によっては行きつ戻りつしながら（往還しながら）、より確かな学びにしていきます。

各段階は、ブロック・チョコレートのようなもので、ブロック相互につながりをもたせながらも、学習活動については切り離して考えることもできます。逆に言えば、各ブロックを組み合わせることで、単元全体を構成しているということです。

それに対して、1年間というスパンで学習プロセスを構想することもできます**（資料5）**。

資料4　探究学習の学習プロセス

［第1段階　出合う］動機づけを図る学習
↓↑
［第2段階　知る］基礎的・基本的な知識を習得する学習
↓↑
［第3段階　深める］興味や関心、知識を深める学習
↓↑
［第4段階　つかむ］課題を絞り込み、問いを立てる学習
↓↑
［第5段階　生かす］情報を収集・取捨選択し、活用する学習
↓↑
［第6段階　選ぶ・まとめる］情報を活用し、目的に合わせて加工する学習
↓
［第7段階　伝える］発信する学習
↓
［第8段階　振り返る］学習を評価する

資料5　1年間を通じた学習プロセス

1学期	［第1段階　出合う］動機づけを図る学習
1学期	［第2段階　知る］基礎的・基本的な知識を習得する学習
1学期・2学期	［第3段階　深める］興味や関心、知識を深める学習
2学期	［第4段階　つかむ］課題を絞り込み、問いを立てる学習
2学期・3学期	［第5段階　生かす］情報を収集・取捨選択し、活用する学習
3学期	［第6段階　選ぶ・まとめる］情報を活用し、目的に合わせて加工する学習
3学期	［第7段階　伝える］発信する学習
3学期	［第8段階　振り返る］学習を評価する

1学期では第1段階から第3段階までを重点的に取り組み、2学期には第3段階の途中から第5段階まで取り組みます。そして、3学期には第5段階の途中から第8段階まで取り組むという構成です。

このような構成のとき、探究学習の核となるのが、「課題を絞り込み、問いを立てる学習」を行う第４段階です。生徒にとっての越えるべき壁となるからです。そうなるためにも、第４段階に至るまでの間に、必要な知識を獲得させながら生徒の課題意識を引き出しておかなければなりません。

探究の学習プロセスをつくる

次のカリキュラムを例にしながら考えていきます。

〈都市部にある高校で地域の課題を教材・学習材としてその解決策を考えるカリキュラムの場合〉

【第１段階　出合う】学習の動機づけを図る学習

●「人口減少社会」をトピックにした新聞記事を読むとともに、人口推移のグラフを参考にしながら教師の説明を聞き、日本社会が置かれた現状について理解する。

【第２段階　知る】基礎的・基本的な知識を習得する学習

●日本社会の課題として、教員が少子高齢化、人口減少、過疎化といった課題を示し、説明する。

●それぞれの課題を取り上げた新聞記事や図書資料に基づいて学習する。

［第3段階　深める］興味や関心、知識を深める学習

●東京都豊島区の事例を取り上げ、人口減少対策を講じる手立てとして行政はどのような政策を進め、どのような成果をあげたのか、豊島区の資料、新聞記事、新書の抜粋などを資料として用いながら学習し、都市部においても人口減少が懸念される状況について学習する。

［第4段階　つかむ］課題を絞り込み、問いを立てる学習

●グループごとに、自分たちが住む市の行政的な課題について、市役所の資料や新聞記事、インターネットの情報を活用して調べ、グループで取り上げる行政的な課題を絞り込む。

●行政的な課題についての問いを立てる。

〈第4段階で生徒が取り上げた課題〉

・子育て支援

問い「子育て支援は十分に機能しているのか？」

・流入人口の減少

問い「人口減少をどのような工夫（政策）で食い止めるのか？」

・高齢者支援

問い「高齢化社会に対応した支援は十分に行き届いているか？」
・市立病院の赤字経営
問い「赤字経営のなかで医療の提供体制は十分か？」
・路線バスの廃止による交通アクセスの縮小化
問い「市民の公共交通機関の利用状況と今後の公共交通機関はどうなっていくか？」
・駅前商店街の相次ぐ閉店（シャッター通り化）
問い「商店街の活性化に向けてどのような取組をしているか？」
・小学校と中学校の統廃合
問い「統廃合の影響は何か？」

［第5段階　生かす］ 情報を収集・取捨選択し、活用する学習

●取り上げた行政的な課題について、さらに調べ、情報を集める。
●関係する機関（市役所、病院、バス会社・鉄道会社、駅前商店街、市教育委員会事務局学校教育課など）への調査方法を考え、具体的な計画を立てるとともに、取材の手続きをとる。
●インタビュー調査等のフィールドワークを行う。
●集めたすべての情報を集約し、並べたうえで、まとめる方向性を話し合い、とりあげた行政的な課題の関連性や共通点などを考える。

●とりあげた行政的な課題についての解決策を考える。
●必要な情報を取捨選択（抽出）する。

[第6段階　選ぶ・まとめる] 情報を活用し、目的に合わせて加工する学習
●情報をさらに読み取り、スライドにまとめるための方向性を話し合う。
●統計資料を用いる場合、どれを使うか、話し合って決める。
●話し合いながらスライドに書く言葉、載せる画像、作成する資料を考える。
●スライドごとに分担して作成し、スライドを合わせて全体的な視点を見直し、修正する。

[第7段階　伝える] 発信する学習
●スライドに合わせて、プレゼンテーション用のメモをつくる。
●メモを活用して、プレゼンテーションの練習を行う。
●ディレクター、説明係、タイムキーパー係を決める。
●発表会で発表する。

[第8段階　振り返る] 学習を評価する
●学習全体を振り返り、自己評価や相互評価を行うことにより、自分たちの学びの成果（学びの成長）と今後に向けての課題を把握する。
●お互いのよい点を褒め合い、協働的な学びの意義を確認する。

第2段階で多くの資料を読み込み、基礎的・基本的な知識にアクセスしたとしても、それだけでは活用できるようにはなりません。学んだことをメタ認知できることが必要です。そのための方法の一つが、知識の「見える化」（可視化）です。たとえば、スプレッドシートごとに項目を分け、情報を分類・整理するのも一つの方法です。

情報はただ集めるだけでは、情報間のつながりを見つけることはできません。相互に関連づけられるようにするには、分類・整理という思考活動を行うのが最適です。もし、どの情報にもリンクしないようであれば、捨象することができます。

また、ICT機器は確かに便利ですが、それだけではややもすると「わかったつもり」から抜け出せなくなる怖れもあります。そこで、ぜひノートや付箋といったアナログ・ツールを併用するとよいでしょう。

たとえば、グループで話し合う際のメモ書きや、思いつきレベルのアイディアなどの記録は、キーボード入力よりもフリーハンドで書くほうが使い勝手がよく、効果的です。文字の大小、色分け、下線、丸で囲むなどのアクセントなどはPCでもできますが、手書きのほうが直感的でスピーディーです。後で見返す際にも、（上手にまとめられていれば）自分が何を感じ考えたのか視覚的に理解することができます。

ほかにも、「京大式カード」を活用する方法があります。これは、文化人類学を専門とし、ＫＪ法を提唱した研究者である梅棹忠夫氏が考案した方法で、『知的生産の技術』（岩波新書、１９６９年）で取り上げられています。カード型データベースシステム概念の原型とも言えるもので、使い方次第ではいまでも通用する方法です。

ポイントは次の３つです。

①常に携帯し、気づいたことがあればメモする。
②１枚に１つの情報を記録する。
③ときどき見直し、カード同士の関係から再発見をする。

タブレットＰＣなどのデジタル・ツールで代用することもできますが、情報を重ねたり、組み合わせたり、捨てたり破ったりすることができる点で、アナログ・ツールとして活用するほうがより効果的でしょう（資料６は、「京大式カード」を参考にして作成した「情報カード」です）。

次に説明するのは第４段階です。前述したとおり探究学習の質を左右する段階です。適切な課題と問いを見い

資料６　情報カードにまとめる

ラベリング名	
項目名	
キーワード	
出典	
情報	（箇条書きで、要約して書く）

だせれば、探究学習の道筋が保障されます。

まず、題材に関連しそうなキーワードを洗い出し、次の方法でカテゴリーごとにまとめます（**資料7**は、「高齢化社会」を題材にして生徒が出したキーワード群です）。

資料7　高齢化社会に関して、生徒が出したキーワード群

国民皆保険制度	介護保険制度	年金制度	医療保険制度
通所サービス	特別養護老人ホーム	介護つき老人ホーム	短期滞在
介護福祉士	ケアマネージャー	看護師	社会福祉士
老人介護	介護ストレス	医療費の逼迫	シルバー政策
フレイル	誤嚥性肺炎	認知症	透析治療

①題材を示し、資料を読んだり説明したりしたうえで、関連しそうなキーワードを考える。

②思いつく限りのキーワードをもち寄る。

③キーワードを分類してラベリングする（ＫＪ法）。

次は、ラベリングの手順です。

- ペアやグループで、キーワードの説明をし合う。
- 意味がわかりにくいものや説明しにくいものは、資料に立ち返って読み直す。
- キーワードの概略文を書く（カードや付箋の活用）。
- キーワード間の類似性や相違点を見いだす。

●ひとまとまりのキーワードをまとめてラベル（カテゴリー名）を書く。

ラベリングは概念化を図るのに適した方法です。そこで、キーワードを分類・整理するだけでなく、ラベル名を考えることが肝要です（思考を1段階高次のものへと引き上げる

資料8　ラベリングから問いをつくる

〈ラベリング〉**制度**

国民皆保険制度｜介護保険制度｜年金制度｜医療保険制度

▼

［問い］高齢者を支える制度にはどのようなものがあるか？

〈ラベリング〉**高齢者の介護施設**

通所サービス｜特別養護老人ホーム｜介護つき老人ホーム｜短期滞在

▼

［問い］高齢者の介護施設は、どのようなサービスを提供しているか

〈ラベリング〉**介護関係の職業**

介護福祉士｜ケアマネージャー｜看護師｜社会福祉士

▼

［問い］高齢者の介護を支える職業には、どのようなものがあるか

〈ラベリング〉**高齢者介護の課題**

老人介護｜介護ストレス｜医療費の逼迫｜シルバー政策

▼

［問い］高齢者介護には、どのような社会的課題があるか？

〈ラベリング〉**高齢者の健康状態**

フレイル｜誤嚥性肺炎｜認知症｜透析治療

▼

［問い］高齢者は、どのような身体上の症状が出やすいか？

▼

より深い問い
私たちは高齢化社会にどう向き合うべきか？

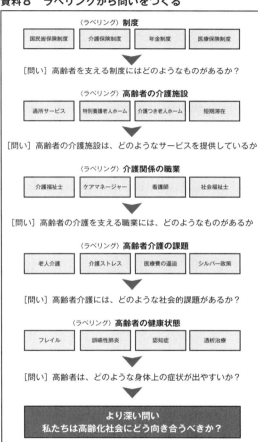

プロセスとなります）。

資料9　問いを検証する往還プロセス

資料10　配当時間数と問いの方向性を決める

問いの方向性／配当時間数	1つの問いを立て、幅広く探究する	複数の問いを立て、幅広く探究する	1つの問いを立て、問いを深めてゆく	複数の問いを立て、徐々に1つの問いに絞り込んでいく
少数の時間で行う	×	×	△	×
1学期間かけて行う	○	○	○	△
1年間かけて行う	○	○	○	○
知識の総量 探究の深度	幅広い知識が獲得されるが、深い探究はしにくい		時間をかければ、幅広い知識が獲得されるとともに、深い探究が可能になる	

最後の工程が「問い」づくりです。ラベリングしたキーワード群をもとにして考えます（前頁の資料8）。

ただし、「キーワード群→質の高い問い」と一足飛びにつくれるわけではありません。「キーワードに照らして、この問いで本当によいのか」「もう少しラベリングのほうを吟味したほうがよいのではないか」、あるいは「もう一度、資料に当たり直したほうがよいのではないか」などと、とりあえずつくった「問い」をもとにして、キーワードやラベルとを見比べながら吟味します。この活動にはしっかり手間暇をかけ、「妥当な問い」へ

資料11　問いを練り上げる

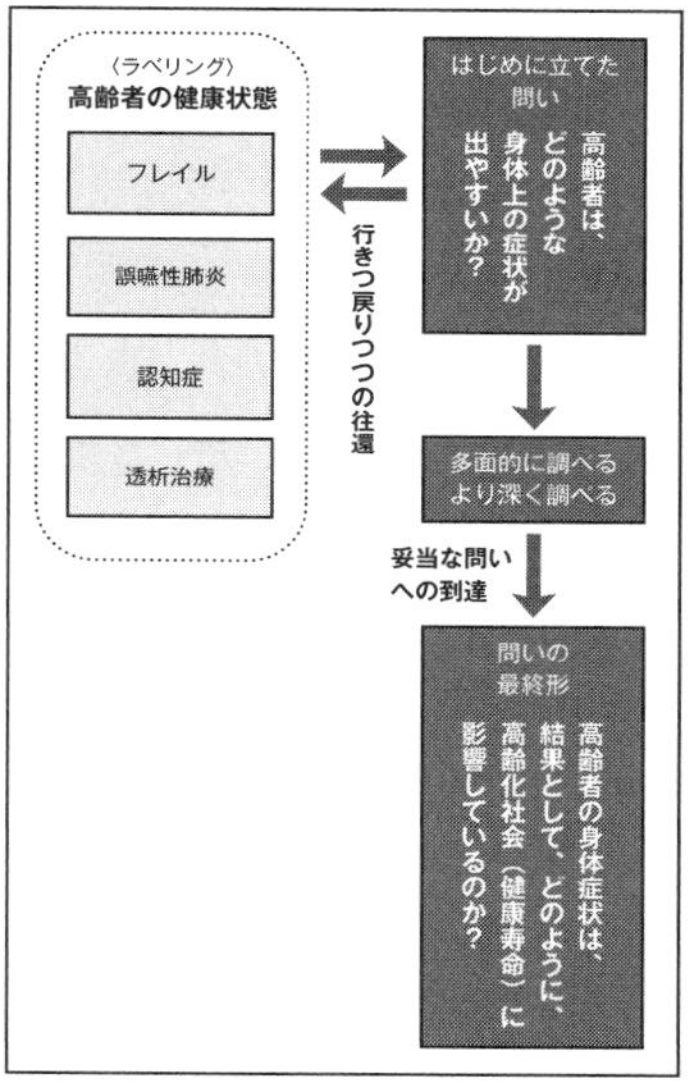

資料12　問いのイメージ

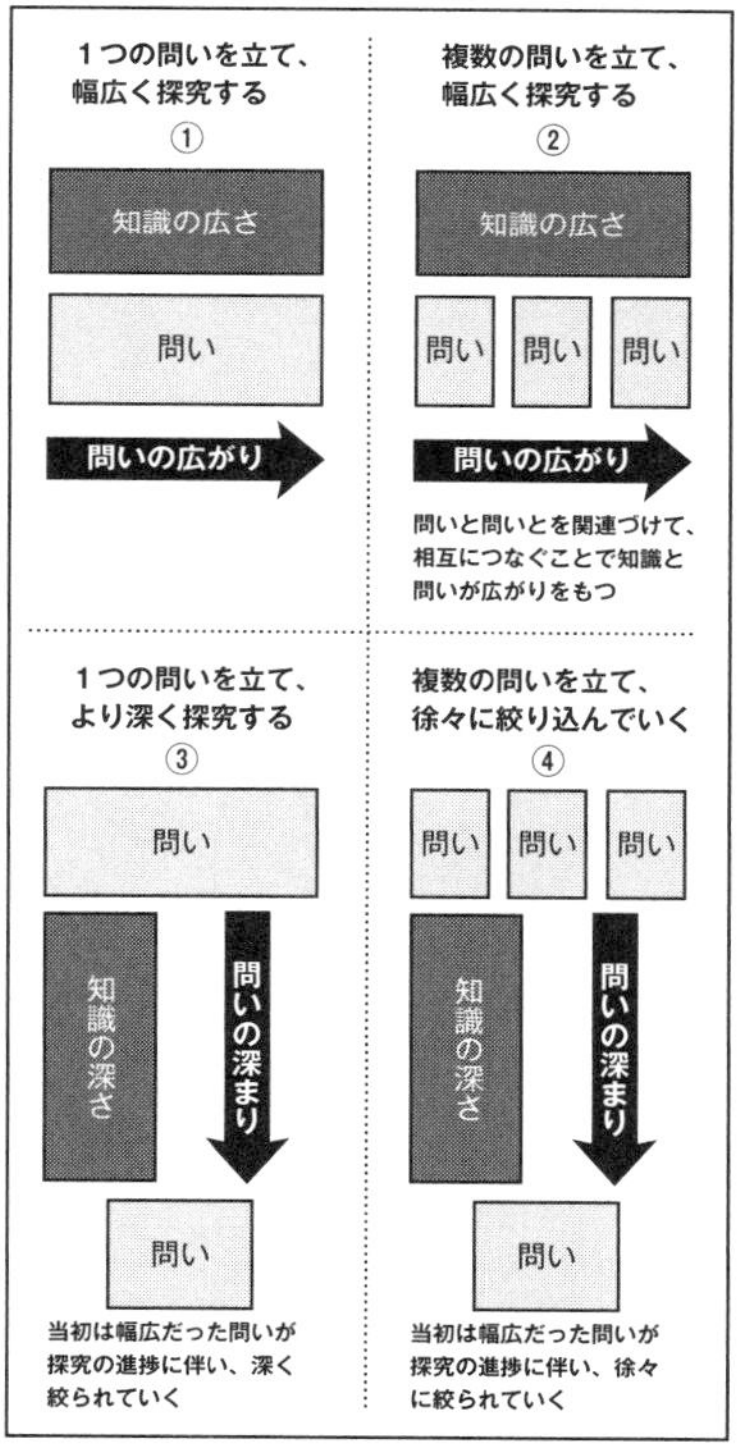

と練り上げていきます（資料9〜12）。判断基準は次の2つです。

●的確な言葉で表現され、他に表現しようがない表現の仕方になっており、自分（自分たち）の思いや考えが的確に表現されていること。

●限られた授業時間内での問いの解決の見通しをもてる問いになっていること（ゴールへのイメージがもてる問いになっているということ）。

「問い」をつくる切り口

過去の状況や問題点と現在の状況や課題を探り、今後の方向性や展望を構想するといった歴史的な軸で「問い」を考えるという方法があります**（資料13）**。現代的な課題であっても、過去を紐解きながら現代との違いや変化を切り口にして「問い」をつくることができます。

資料13　過去から現在への推移を捉える場合

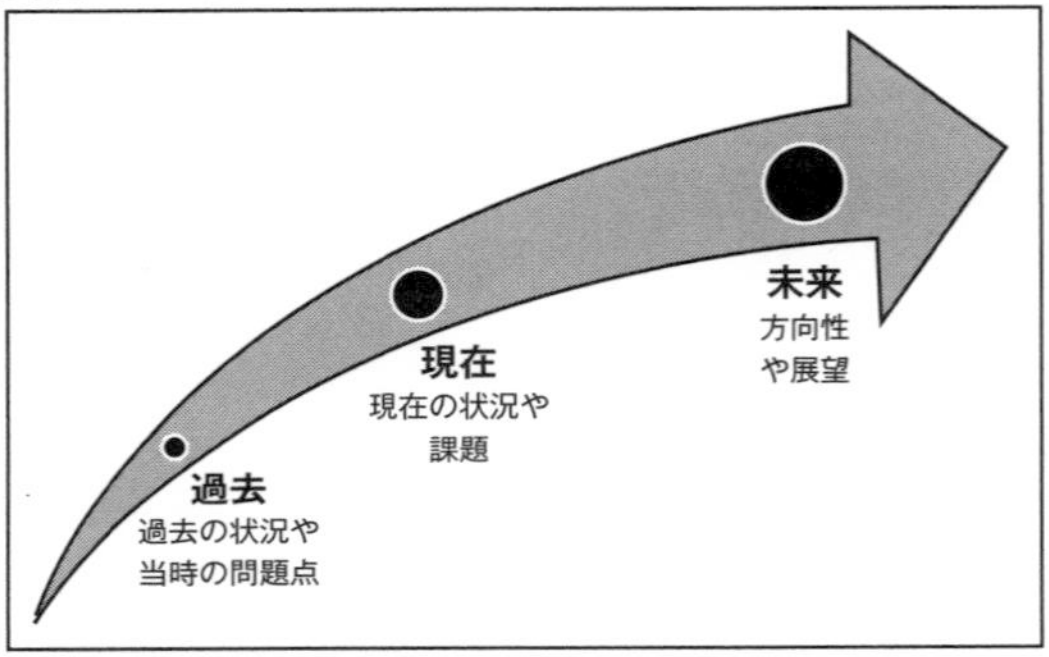

資料14　実験・観察などを伴う場合

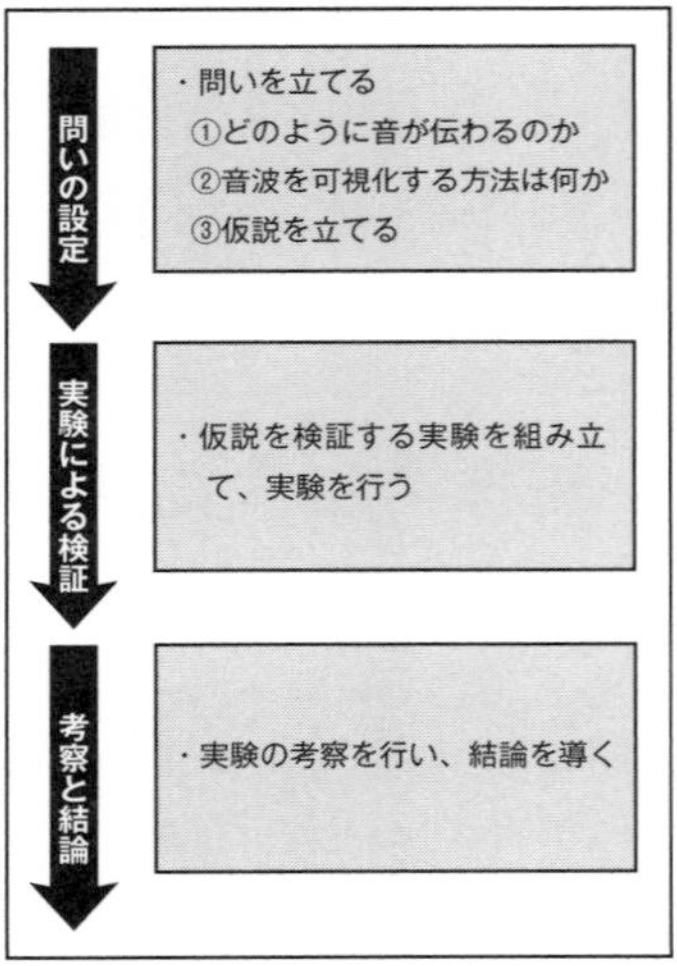

実験・観察を伴う場合であれば、**資料**14が参考になるでしょう。

ほかにも、インタビューや実地調査を

資料15　実地調査を伴う質的研究の場合

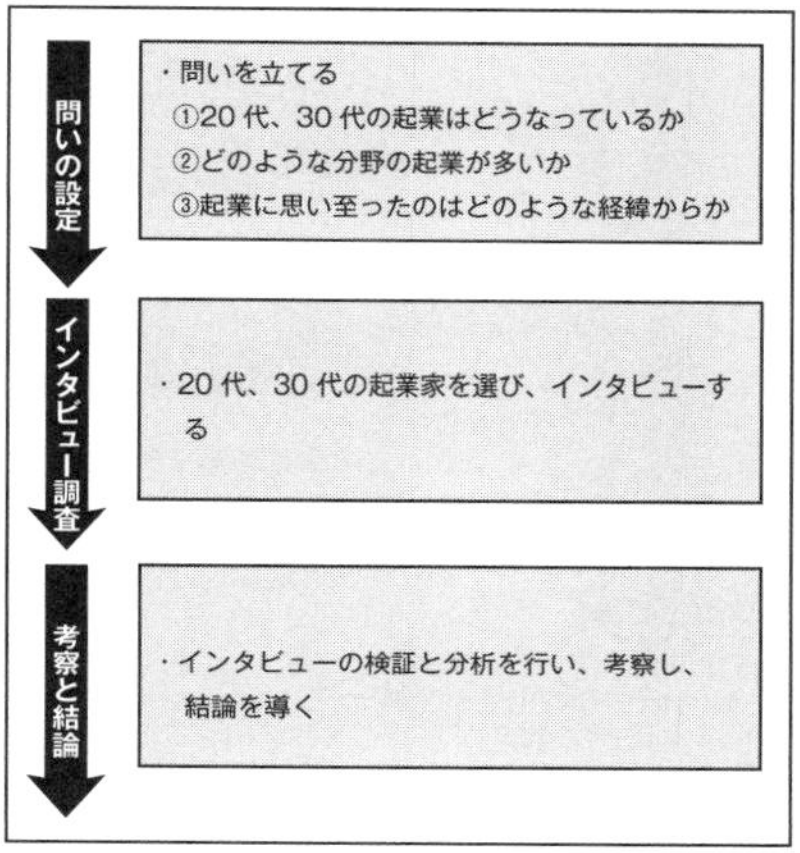

資料16　四象限その1

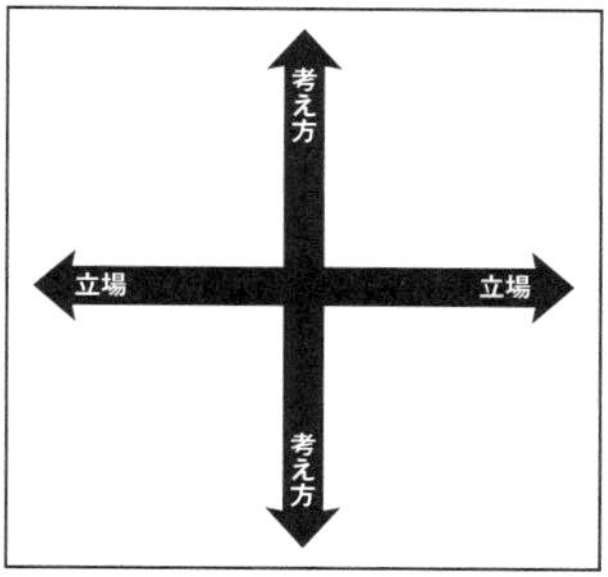

資料17　四象限その2

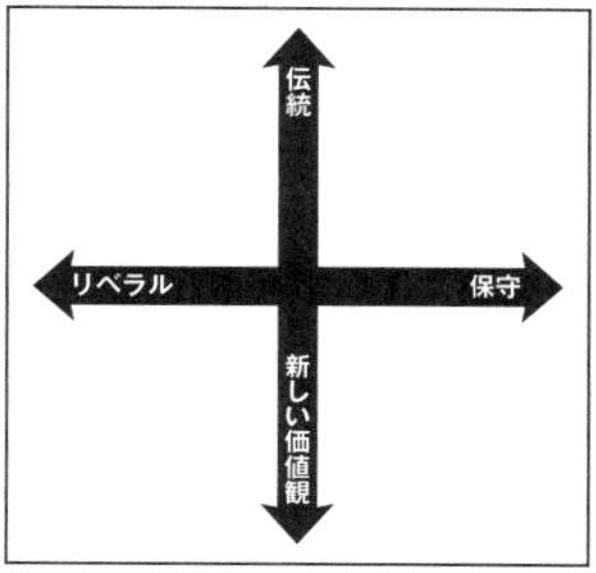

伴う質的研究の場合であれば、**資料15**が参考になると思います。

さらに、四象限を活用した方法もあります（**資料16、17**）。たとえば、政治の世界に目を向ければ、1つの政党であっても一枚岩ではありません。伝統・文化を重視する党員もいれば、常に新しさを求めて急進的な考え方を重視する党員もいるでしょう。大枠としては、党是に賛同した者同士でありながら、個々の思想や信条は多様です。こうした人たちの傾向を知るための手法として四象限があります。個々の多様性を分布化することで傾向を単純化するのに適した方法です。自分たちの考えを整理する方法として役立ちます（ただし、単純化した結果を妄信してしまうと、物事への見方が偏ってしまうので注意も必要です）。

また、「問い」を細分化して、構造化するのも一つの方法です。自分たちの学習がどのような方向に向かっていくのかを見通しやすくなるからです。

たとえば、**資料18**のように、まず包括的な「問い」（「なぜ、第一次世界大戦の戦死者数は多かったのか」）を立てた後、３つに細分化するといった方法です。学習の見通しをもって探究することで、たとえば「第一次世界大戦は世界に何をもたらしたのか（戦争の結果、世界はどのような教訓を得たのか）」といった「本質的な問い」を見いだせるようになります。

資料18　細分化して考える場合

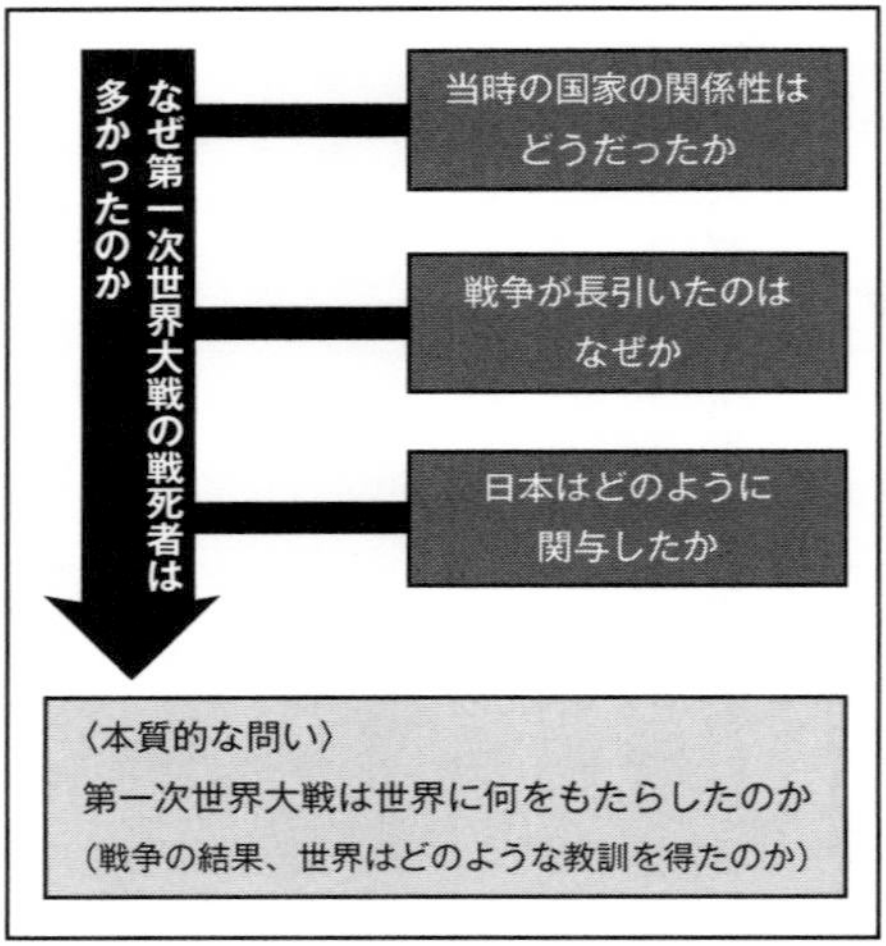

加えて、**資料19**に挙げた評価指標を示し、生徒自身が現在の学習状況をリフレクション（内省）できるように自己評価を促すことも、生徒の学習の見通しにつながります（グループ学習の場合には相互評価を行います）。その際、生徒の自己評価に対して、教師が意味づけたり、価値づけたりすることが重要です。

生徒の評価結果から、教師側の想定とは異

資料 19　問いの評価指標

見通し度 ／ 評価の観点	1. 概ね探究の見通しがついている	2. 改善することにより探究の見通しがついている	3. 見直しをすることで探究の見通しがついている	4. はじめから問いを立て直す必要がある
問いに対する自分の興味度や関心度	解決したり調べたりしたい思いを持っている	もう少し調べると興味や関心を持てそうだ	正直なところあまり典味や関心がもてない	全く、あるいはほとんど典味や関心がもてない
問いを解決するために必要な方法に対する理解度	解決のための調べ方を理解している	解決や調べ方でよくわからないところがある	解決や調べ方がほとんどわからないところがある	解決や調べ方が全くわからない
問いを解決するために調べることが必要な項目や内容に対する把握度	これから必要な調査項目や内容を示すことができる	もう少し学ぶことで調査すべき項目や内容を示すことができる	もう少し学んでも調査すべき項目を示すことができない気がする	何を調べる必要があるか、全く、あるいはほとんどわからない状態だ
問いの深まりへの見通し度	現在のまま、少しずつ疑問を解決していけば、深めていけそうだ	もう少し不明点を明らかにし、疑問を解決していけば、深めていけそうだ	もっと多く学んで知識が得られれば、疑問を解決でき、深めていけそうだ	かなり学んで知識を整理すれば、疑問が解決でき、深めていけそうだ
先生のアドバイスに対するリクエスト度	必要に応じて自分から質問したい	わからない点が見つかれば質問したい	いますぐにアドバイスが必要だと思っている	いろいろ教えてほしいと思っている

なる面が見られれば、学習プロセスを見直すきっかけになるだけでなく、授業中に声をかける際の参考にもなります。また、「先生のアドバイスに対するリクエスト度」で「いますぐにアドバイスが必要だと思っている」「いろいろ教えてほしいと思っている」にチェックをつけている生徒がいれば、速やかに指導することができます。

また、グループで探究学習を進める場合であっても、「問い」はグループ内だけではなく、ＩＣＴなども活用してクラス全員で共有できる場面を設けます。共有場面では、各グループの代表者が、次の要領で自分たちの「問い」について説明するようにします。

①ラベリングの理由

キーワードからどのようにラベリングの言葉を導き出したかについて説明する。

②問いの説明

ラベリングから導き出した問いについて、どのようなことを知りたくてその問いを設定したのかを説明する。

資料20　ポスター制作の様子

資料21　ポスターセッションの様子

※いずれも日本女子体育大学の実践、2019年

タブレットと情報を共有できるソフトウェア（Office365のteams など）があれば、カテゴリーごとにラベリングした紙を全員で共有することができます（資料20、21は、イー

ゼル・パッド（大型付箋）を活用したポスター制作・ポスター・セッションの様子です）。

グループ学習における対話の方法

ここでは、話し合いとディスカッションとを明確に分けます。まずは、それぞれの特徴を次に挙げます。

〈話し合い〉

- 言葉を交流しながら情報を共有し、お互いが合意できるポイントを探る。
- ていねいなやりとりを心がける。
- 聞き合いを心がける。

〈ディスカッション〉

- 多面的・多角的に意見をやりとりし、考えをいっそう深めるために行う。
- お互いの考えの違いを確認（対立点の明確化）する。
- 一つの考えに絞ったり、結論を出したりしなくてもよい。
- 意見の対立点を整理する（納得できないまでも、妥協できそうな点はどこにあるかを見つける）。

「問い」を設定する際には、話し合いが適しています。お互いに合意できるポイント（ゴール）が決まっているからです。

話し合いは対話的コミュニケーションなので、双方向性であることが必須です。特定のグループメンバーばかりが自分の考えを述べているのでは話し合いになりません。また、相手の話をよく聞いて理解することも重要です。言葉のニュアンスとしては「傾聴する」「聴く」と考えるのがしっくりきます。

それに対してディスカッションは、キーワードの洗い出しに適しています。合意形成を図るというよりも、さまざまな角度からできるだけ多様な意見が出るようにすることが目的だからです。

問題は、ディスカッションを好まない生徒が多いことです。正しい意見を言わないといけないといった意識が働くからでしょう。また、グループメンバーとぶつかることを避けようとする心情もあります。そのため、ざっくばらんに発言するのを控える傾向があります。

しかし、ディスカッションにおいては、間違っていたり、突飛であったり、非現実的であったりする意見も大切です。誤りがあるから正しさに気づける、突拍子もない意見もあるから現実的に考えようとする雰囲気が生まれるからです。

実社会においては、新しいプロジェクトを立ち上げて軌道に乗せるといったとき、メンバー間のディスカッションが欠かせません。自分たちがやったことのないことのチャレンジであればなおさらです。あらかじめゴールを設定することはできないので、仕事のプロセスをつくることからはじめる必要があるからです。そのため、正しいかどうかにかかわらず可能性として挙げられる多様な意見を必要とするのです。まさに探究学習と軌を一にするものです。

こうしたことから、生徒は話し合いには慣れていても、ディスカッションに慣れていないことはごく自然なことなのです。そのため、トレーニングが必要です。

そこで、ディスカッションを行う目的と特徴をしっかりと示し、自分が思いついたことを言葉にする、他のメンバーの意見と違っていたとしても気にしない、むしろ違っていることが目の前の学習に寄与する可能性があることの大切さを指導します。

また、一口に違う意見と言っても、すんなり受け入れてもらえることもあれば、対立の火種になることもあります。重要なのは、言い方・伝え方です。ディスカッションをどのような言葉を選び、どう伝えれば相手が受容的に受け止めるのかを学ぶトレーニングの場と位置づけてもよいでしょう。

一般的な例を挙げると次のとおりです。

●直情的に話をしない→感情をむき出しにはしないで（腹に収めて）穏やかに話をする。
●否定から入らない。
●自分の考えを一般化しようとしない→あくまでも一個人の意見であることを言い添える。
●メンバーの発言が自分の考え方が違っても、「違う」という事実として受け止める（可能であれば、自分の考えとの違いを楽しむ）。

次に紹介するのは、話し合いやディスカッションを行う際の机の並べ方です（資料22）。配置次第で意見を出しやすくしたり、雰囲気を柔らげたりすることができます。

資料22　机の配置

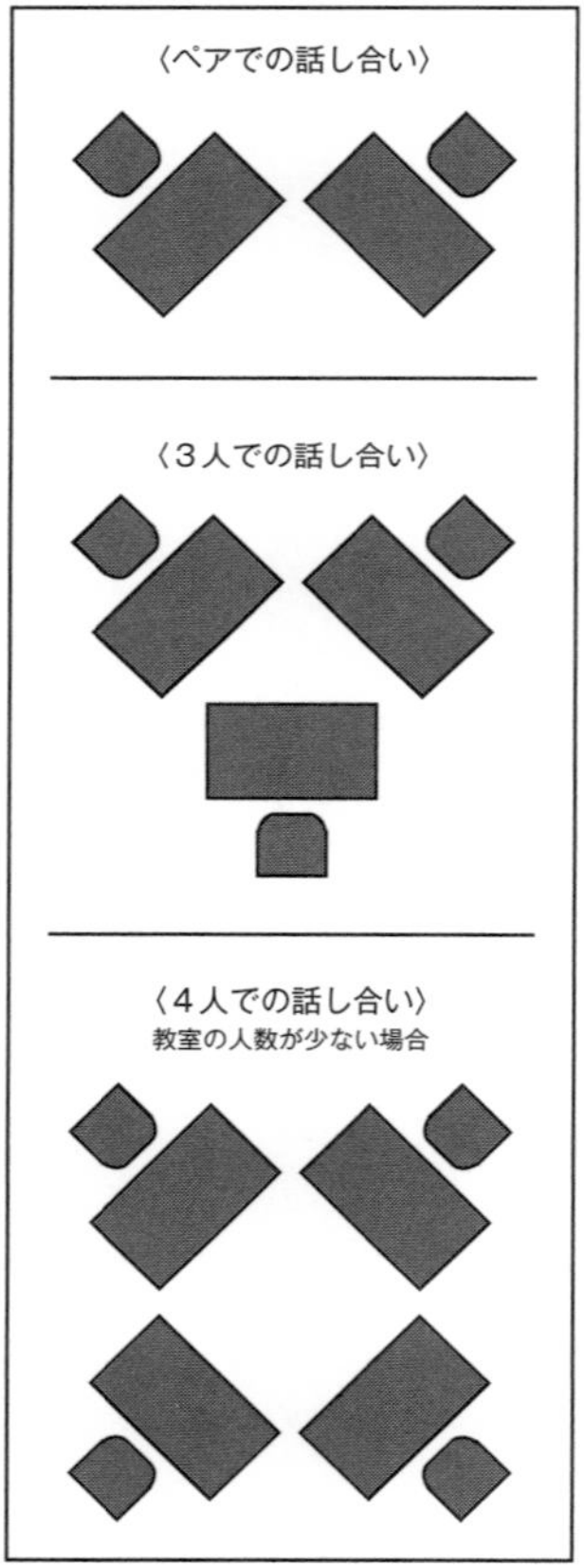

ペアで行う場合、机を向かい合わせにくっつける姿を思い浮かべそうですが、私はあまり推奨していません。視線が常にお互いに向けられるので、（もともと仲のよい者同士でない限り）お互い必要

以上にプレッシャーを受けます。人は、視線を合わせたり外したりしながら話すものです。そこで、傾斜をつけるようにします（3人編成、4人編成であっても同様です）。

　グループで行う場合、編成人数がよく話題にのぼります。3人だと、意見が対立した際に揉めごとを解消しにくい（2対1になってしまう）などよく言われます。しかし、私は対立するときは対立してしまうものだから、4人であっても同じだと考えています。

　そもそも（意見はどれだけ違っても、メンバー同士で感情的に）対立しない対話を行えるようにすることのほうが大事なのですから、気にすべき優先順位が逆なのではないかと思います。

資料23　モニタリングと整理

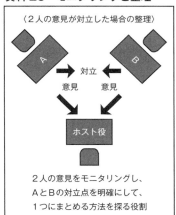

〈2人の意見が対立した場合の整理〉

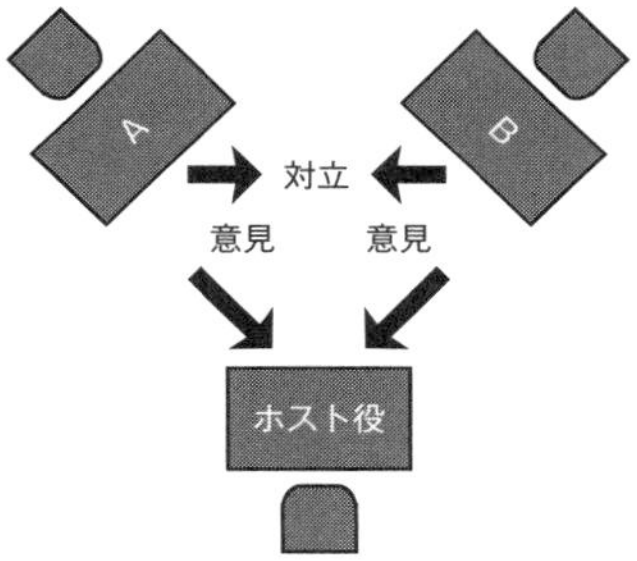

2人の意見をモニタリングし、
AとBの対立点を明確にして、
1つにまとめる方法を探る役割

　また、ホスト役を決め、ホストはあえて自分の意見を示さず、両者の意見をまとめる役割に徹するという方法もあります。なお、対立する意見が明確である場合には冷静にモニタリングし、それぞれの意見を切り分けて包括的にラベリングするとよいでしょう（資料23）。

　最終的に落としどころを見つけなければならない場合には、対立点をそのままにしてその日は終わらせ、後日話し合いに切り替えるという方法も考えられます（生徒がディスカッションと話し合いを切り替えられるスキルを身につけていることが前提です）。

いずれにしても、「何をどこまで意見を交わせば、ディスカッションまたは話し合いが終わったことになるのか」を生徒一人一人がつかんでおくことが、有意義なグループ学習を行う要諦です。

第7章

情報活用力を育てる

情報を収集・活用するとはどういうことか

　高校生は、インターネットを活用し、情報を集める能力に長けています。プレゼンソフトなどを使って綺麗に見せるのも得意で、さまざまな情報を手際よくまとめることができます。そこは「デジタルネイティブ世代だ」と言われるだけのことはあります。

　ただし、課題もあります。それは、情報の活用の仕方です。綺麗に仕上がっている一方で、内容をよく読むと、情報の端々を切り貼りし、要領よく並べているにすぎないことも少なくないからです。喩えれば、色鮮やかな食材を整然と並べているものの調理されていない料理のようなものです。それでは、問いを自分たちのものにしたことにはならず、探究学習ではなく作業学習となってしまいます。十分に考える余地がなく、学習が課題解決にはならないからです。

　調べ学習は情報を集めてまとめるだけでは不十分。調べる過程で、文書等のコンテクスト（文脈）を読み取り、自分たちにとって必要なリソースを取り出すことが欠かせません。すなわち、自分自身の考えを構築する手がかりを得ることが重要なのです。

　また、インターネットの情報には、（どれだけもっともらしく見えても）出典を遡《さかのぼ》れない（曖

資料1 用いる資料を明確にしてから、検索をはじめる

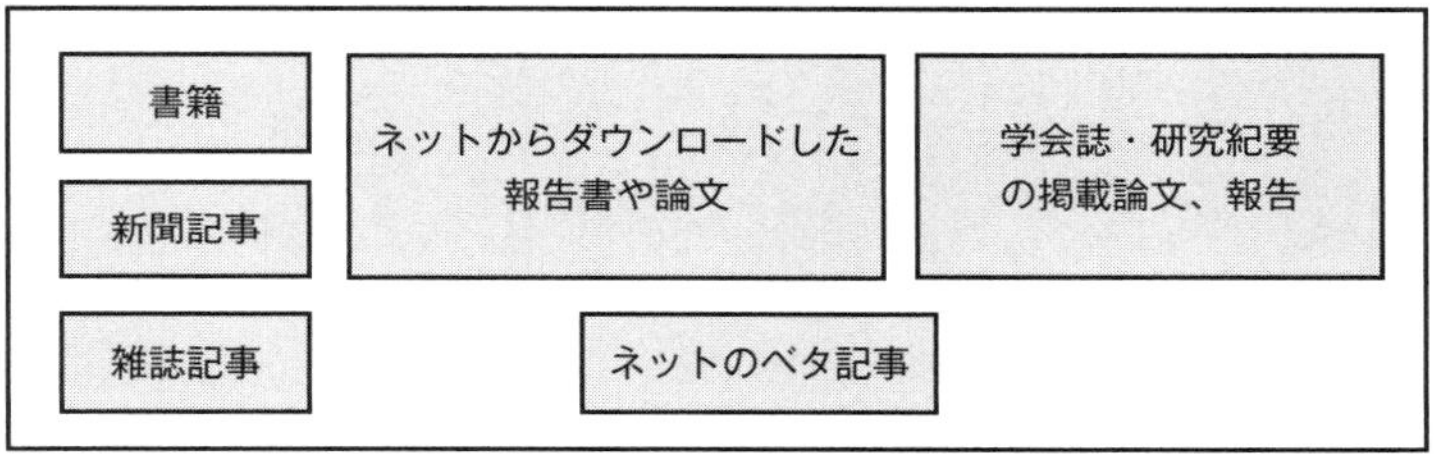

味な）ものも少なくありません。場合によっては、記事がまるごと、さまざまなサイトから文章をもってきて切り貼りされていることもあります。

こうしたことを踏まえ、しっかり出典を明らかにすることが重要です。そこで、ニュースサイトやSNSなどを使いながらも、新聞、書籍、論文、グラフなどの統計資料といった（出典が明らかな）一次資料に当たるよう指導します（資料1）。

一次資料に当たる意義は、間違いのない情報を得るにとどまりません。剽窃を見抜く目を養うのにも役立ちます。大元となる情報を一度しっかり頭のなかに通しておけば、出典が不明確な情報を目にしたときにも、それがコピー＆ペーストである可能性に気づけるようになるでしょう。

ただ、そうは言っても、高校生に研究者並みの査読力を求めているわけではありません。傍から見れば稚拙なものであってもよいのです。重要なのは、生徒自らが自分たちの頭を使って考え抜いた事柄が明記されたかです。

本気で答えを出したいと思える問いを見いだす、その答えを出すために自分なりに調べて考えるからこそ、その学習は借り物ではなく、自分たちの探究学習にしていけるのです。ぜひ、生徒たちには自分不在の受け売り学習ではなく、たとえ不完全であっても生徒自身が学習したことの責任をもてるようにしたいものです。

情報活用のポイント

ポイントを挙げると次のとおりです。

①公的機関による情報発信と私的な情報発信とを区別して利用する。
②情報は問いを立ててから探す（問い不在では検索しようがない）。
③集めた情報は、問いを解決できるかという観点から整理して、答えを導き出す。
④インターネットを使う際には、対立するロジックも並行して検索する（確証バイアスを避ける）。
⑤アナログのメディア（書籍、新聞など）を活用する。
⑥対立的な情報と比較する。
⑦集めた情報はいったん寝かせる。

⑧本当に必要な情報は選ぶのではなく残す（不必要な情報を捨象してブラッシュアップしていくなど「捨てるスキル」が重要となる）。

⑨特定の情報をコピー・アンド・ペーストする際には、その前にコンテクストを読み取り、自分のものにしてから行う（その際、自分たちの成果物を切り貼りで構成することは避ける）。

右の④は、インターネットを利用する際のリテラシーにかかわるポイントです。どのような情報にも、（なぜそのテーマなのか、なぜその情報を発信するのかなどの）発信者の意図が隠れています。これは、デジタル情報だけでなくアナログ情報でも同様です。そのため、自分たちのほしい情報を手に入れたと思ったときにも、同じテーマでありながら相反する考えに触れる必要があるのです。また、⑦を行うのは、俯瞰的に情報の中身を検証するためです。見つけた当初は妥当な情報だと思っても、時間が経ってから見直すと偏った情報だということに気づくことがあります。

加えて、重要なのが⑧です。さまざまな情報のうちどれを使うかを考える際、つい「どうやって選ぶか」を問題にしてしまいがちです。確かに、最終的には選ぶのですが、雑多な情報が混在しているなかで的確に選ぶのは至難の業です。まずは、自分たちの学習にとって必要性の低い不純物を取り除くことです。イメージとしては濾過に近いと言えます。そのうえで、残った情報を俯瞰して使える情報に絞り込んでいきます。そのためにも、集めた情報はいったん寝かしておくことが欠かせないのです。**資料2、3**は、こ

資料2　情報検索・活用の考え方

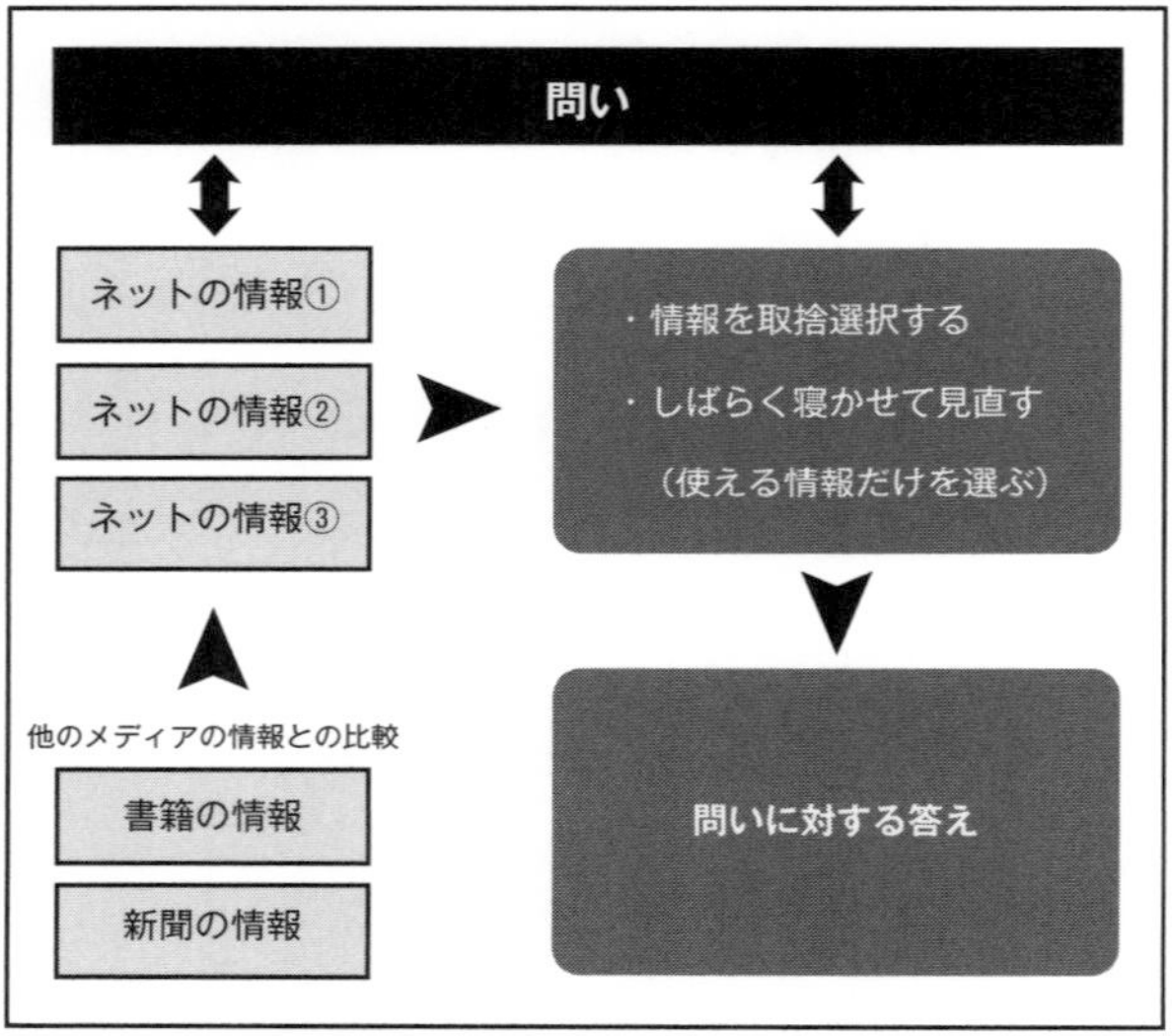

資料3　集めた情報は捨象する

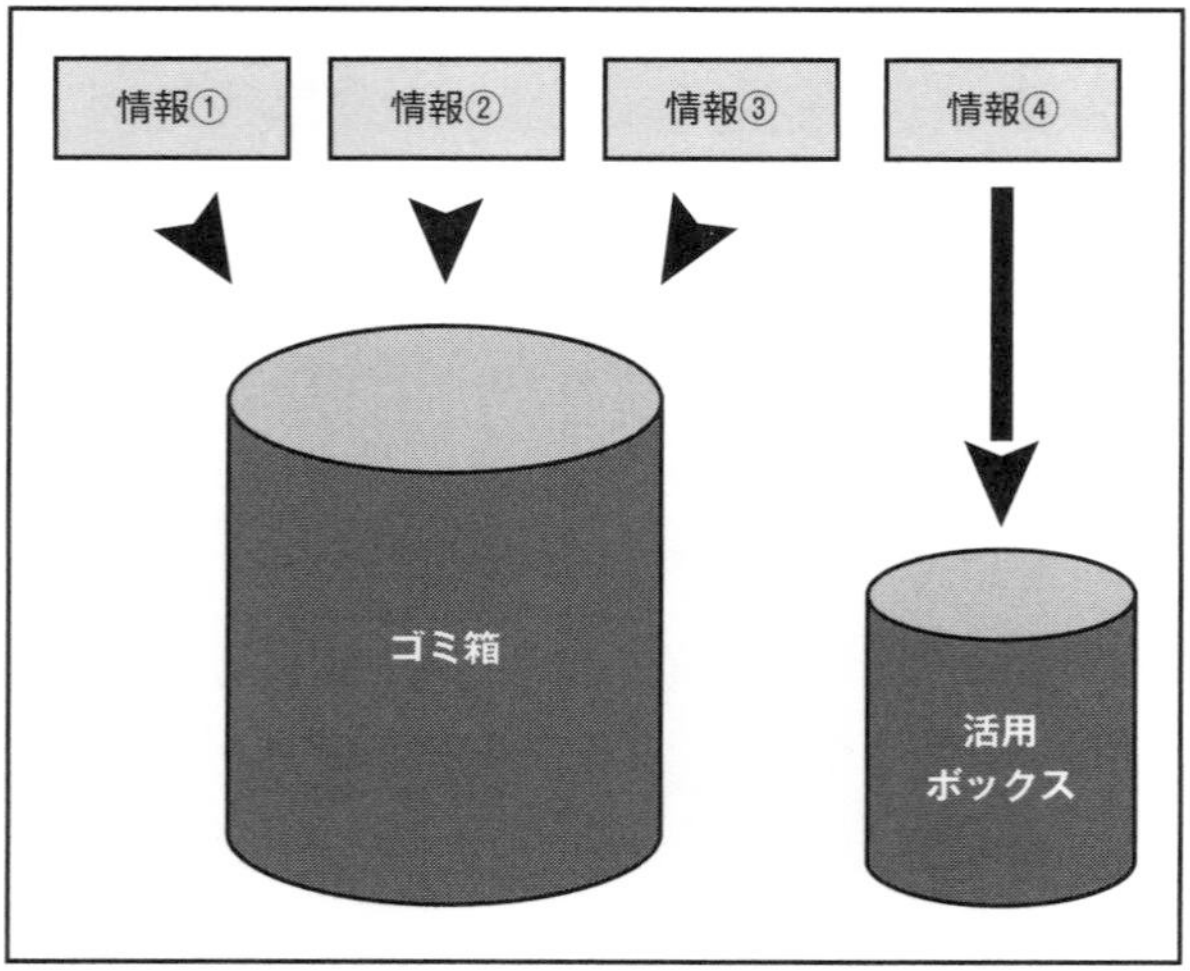

こまで述べてきた留意事項を踏まえた情報活用の手続きを簡略化したフローです。

また、情報を活用するに当たっては、メディアのもつ特性や傾向を踏まえる必要があります。**資料4**は、情報の「速報性と確実性」を横軸に、「先鋭性と信頼性」を縦軸に配置して各メディアがどのあたりに位置づくかを表した四象限です。

ここで言う先鋭性とは、特定の社会事象に対してマス・メディアでは取り上げるのがむずかしい（裏が取れていない、評価が定まっていないが、人々の耳目を集めそうな情報を発信する）メディアを指します。なかでも、Twitterは短期的に反響を得ようとするインセンティブが働くことから、内容が過激になる傾向があります。それに対して、ニュースサイトは、新聞社やテレビ局などが配信する情報リソースなので、比較的信頼性があるとともに、速報性があります。

資料4　四象限でメディアを分類する

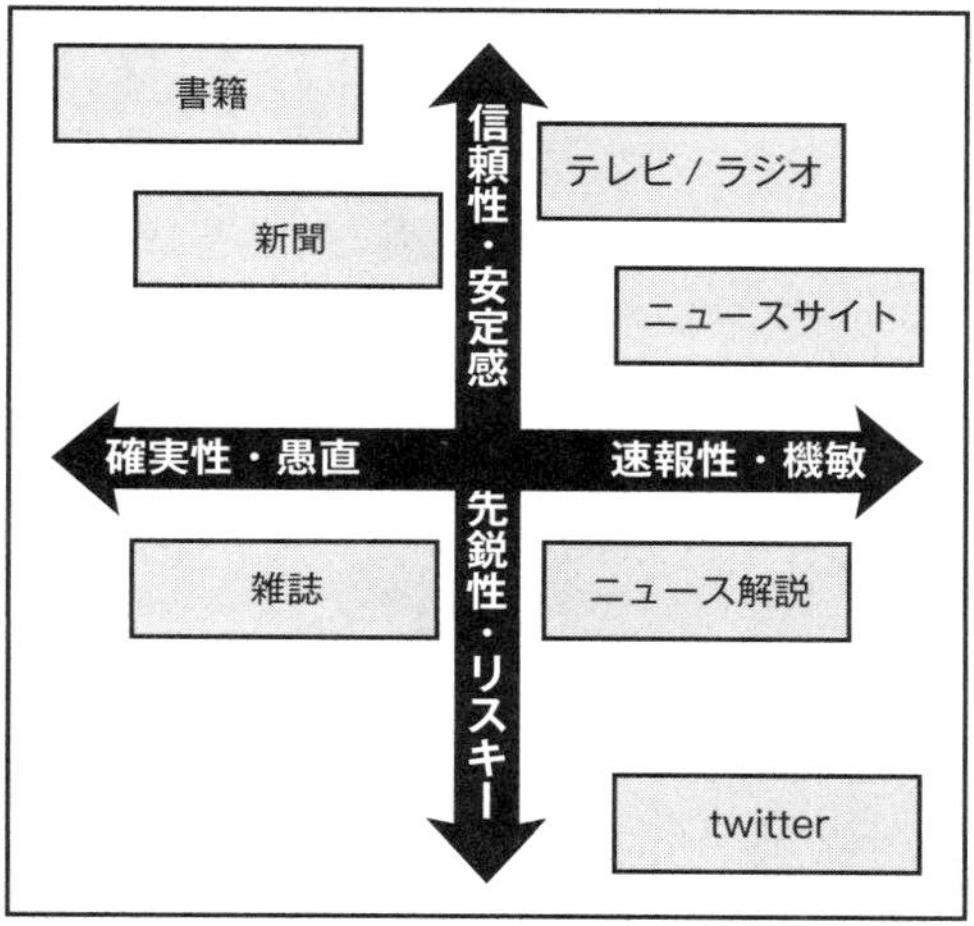

資料4は、厳密さには欠けると思いますが、生徒がメディア特性をざっくりイメージする

のには役立つでしょう。たとえば、図書館オリエンテーションを行うようにして、メディア特性について学習する場を設けると効果的です。その際、次の2点についても触れます。

①目的に応じてメディアを使い分けること
②各メディアの特性を利用して相互作用的に活用すること（資料5）

資料5　各メディアを相互作用的に活用するイメージ

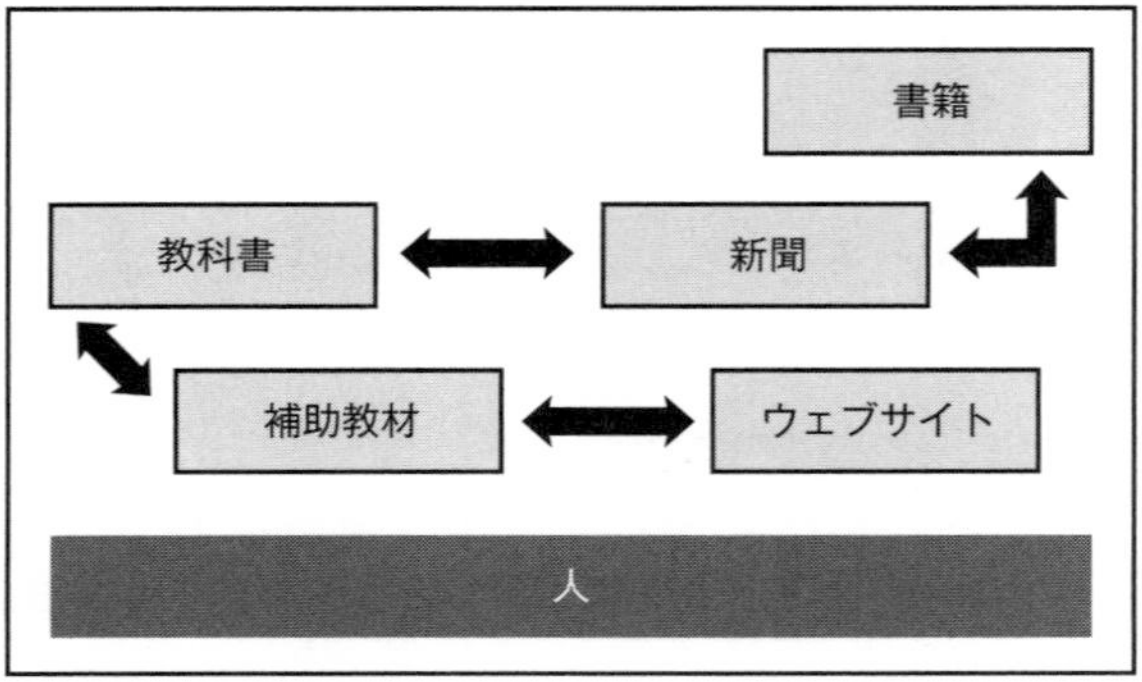

相互作用的な活用については、便覧や文法書（国語科）、用語集（地理歴史科、公民科）、地図帳（地理歴史科）、資料集（理科、保健体育科）といった補助教材も大いに使うことを生徒に推奨します（教科書の知識を補完するのにも役立ちます）。

また、以下に列挙するメディア特性を生徒に周知するとよいでしょう（「※」をつけた箇所は、特に注目すべきメディア特性を表します）。

●新聞

※速報性は低い。

※編集段階で情報や文章が精査されており、情報の質は担保されている。情報の信憑性は比較的高いほうに属する。

・全国紙と地方紙がある。それぞれ役割が異なり、地方紙は地域独自の情報も掲載される。

※独自の編集文法でつくられており、見出しだけでも情報が大まかにつかめる。

・一覧性があり、多くの紙面に多くの情報が構成されている。

・大きな事件や事故の際、繁華街の駅前で号外が配布されることがある。

・独自の取材によって、スクープが出る場合がある。

●テレビ

※速報性は高い。

・映像が同時に流れるため、リアリティがある。

・情報の質的な差は（番組内容にもよるが）担保されている。

※ニュースの信憑性は新聞と並んで高いほうに属する。

・新聞と同じように、ニュースを専門に扱う報道部門があり、組織的に取材した情報が取り上げられる。

・倫理的に問題がある「やらせ」や人権上問題がある内容は新聞と比較して多い。
・バラエティーやドラマなどの娯楽性の高い番組が多い。

●ラジオ
※速報性が高い。
・地域に密着した情報が多い。
・停電時でも電池式・充電式ラジオで聞くことができ、場所を選ばずに情報が手に入る（インターネットで聞けるラジオ局もある）。
・中高年層に支持されている。
・AM局とFM曲があるが、国の方針によってAM局のFM化が計画されている。
※音声だけで情報を伝えなければならないので、アナウンス表現が工夫されている。

●インターネット
※速報性がきわめて高い。
・情報量は圧倒的である。
・情報の質には大きなバラツキがある。
・ニュース配信専門、気象情報専門など、専門的に扱うウェブサイトがある。
・すぐに消えてしまうようなウェブサイトもある。

・統計資料、報告書、論文などはＰＤＦファイル形式で掲載されており、簡単に手に入れることができる。
・倫理的に問題があったり人権上問題があったりする情報が多い。
・著作権を侵害している、またはそのおそれがあるサイトもある。

今後、たとえばテレビ局が（公共電波を使わずに）インターネットを介して番組を配信することが増加するなど、各メディアがボーダレスになっていく可能性もあります。そうした傾向が強まれば、社会インフラとしての優位性についても変化が訪れるでしょう。こうした可能性についても、生徒に伝えるのが望ましいと考えられます。

各メディアの活用法

1　学校図書館の資料を活用する

高校の学校図書館は、一般書の割合が高い傾向があります。たとえば、岩波ジュニア新書やちくまプリマー新書のように、主に中・高生を読者対象としてはいるものの、内容的には大人が読んでも遜色がないものもあります。第一線の専門家が、専門性の高い内容を取り上げており、しかも平易に綴られていることから、こうした資料を活用しない手はありません。

2　新聞を活用する

モニターに映し出される映像とは異なり、新聞の紙面には一覧性があります。物理的に新聞を広げて紙面をめくる行為が、偶発的な情報との出合をもたらす（自然とさまざまな情報に触れられる）点に特徴があります。

新聞は古いメディアですが、長年にわたって積み上げられた知見があります。記者の取材によって原稿がまとめられるので、それ自体が第一次情報となるか、そうでない場合にも出所が明確であることが、新聞の最大のストロングポイントです。また、事実ではない記事の存在が明らかになれば社会問題ともなりますから、それだけ信頼度が高い情報源だと考えて差し支えないでしょう。

ただし、現在では新聞を購読していない家庭が増えていることもあって、新聞を読んだ経験のない高校生は少なくありません。そこで、実社会・実生活に生きるリテラシーの一つとして、新聞を読む経験を探究学習に盛り込むとよいでしょう。

また、公共性の高いメディアであるとはいえ、各社ごとに社是があることから、一つのテーマであっても新聞社によって立ち位置や内容が異なります。そのため、複数社の新聞を用意します（新聞の縮刷版を積極的に活用するとよいでしょう）。

加えて、新聞のデータベースの活用も有効な手立ての一つとなるでしょう。さまざまな情報に触れることは、「情報活用のポイント」で挙げた「⑥対立的な情報と比較する」のにも寄与します。

ほかにも、次のような活用法が考えられます。

- 見出し、リード、本文、写真や図表の配置から、他者に自分の主張をしっかり伝えるための構成力を身につける。
- 複雑な情報が簡潔にまとめられているので、社会事象や問題の全体像をつかむ理解力を高める。
- 特定のテーマのもとにオピニオン記事やインタビュー記事に慣れ親しむことで、情報を深掘りしていく手法を学ぶ。
- 事実と意見を明確に区別して書かれており、論理的な文章を書く際のお手本にする。
- 図表や写真の読み取りといったＰＩＳＡ型の読解力を身につける。
- 新聞記事をきっかけとして、より深く学ぶために何が必要となるのかを考える力をつける。

3　雑誌を活用する

歴史あるオピニオン雑誌である『文藝春秋』は、編集の知恵も詰まっており、社会事象を掘り下げて考えるのに適しています。また、教師の教材研究にも役立ちます。ほかにも、ニュース記事をまとめた『新聞ダイジェスト』(新聞ダイジェスト社刊)、自然科学に特化した『ニュートン』(ニュートンプレス刊)、数学問題の解法に特化した『大学への数学』(東京出版)なども、生徒の興味・関心を引き出すために備えておきたい雑誌です。若者向けの情報誌『ダヴィンチ』(角川書店刊)なども、書籍の情報を知る手掛かりになります。

現在の高校生は、活字の雑誌はおろかマンガ雑誌すら読まなくなっているので、こうした機会に、一つの体験として雑誌に触れさせるのもよいのではないでしょうか。

4　インターネットを活用する

インターネットの情報は断片的であることが多いため、これまで述べてきた留意事項に加え、次に挙げるリテラシーを育てることが大切です。

●ネットニュースの場合、配信されたニュースの配信元を確認する。配信元が新聞社の場合、できるだけ新聞記事の情報も確認するようにする。

●白書や報告書は官公庁のような公的機関のウェブサイトにアップロードされているもの（PDFファイル形式が多い）を活用する。よく利用するものは、そのつどアクセスするのではなく、いったんダウンロードして後から閲覧できるようにしておく。

●個人が発信しているTwitterやInstagramといったSNSの情報は、信憑性の観点から基本的には活用しないようにする。ただし、公的機関が発信しているTwitterやInstagramは、正確な最新情報を入手できるので例外とする。

●民間企業のウェブサイトのグラフや統計資料は、公的機関のデータを貼りつけている場合があるが、そのデータをそのまま用いるのではなく、必ず公的機関の原典を確認する（官公庁、研究機関、調査会社の報告書など）。

●個人のブログは、目的によっては最新情報も多く見られる。トレンドを知ったり、問いをつくるうえで必要となるキーワードを得たりする点に限定して活用する。

5　論文を活用する

国立情報学研究所が国内の学術論文のデータベースを構築しています。大学や研究機関の機関リポジトリを通して公開されている学術論文類を集約しています。大学や研究所の論文は機関リポジトリとして論文を公開しています。

こうしたサイトから自分たちの探究学習に取り入れられそうな論文をダウンロードしておき、必要に応じて読みます。

探究型の読書活動を取り入れる

これまで読書活動と言うと、高校生に読書習慣をつけることが主な目的でした。そのため、（朝の10分間読書に代表されるように）楽しむための読書、教養をつけるための読書が中心で、高校生の読書離れに歯止めをかけるためにも、そうした実践は今後とも重要です。それに対して、ここで挙げたいのは課題をつかむための読書です。

キーワードを洗い出して問いをつくるには、「自分は何に興味を向けるのか」「あらかじめ何を知っておくべきか」をつかんでおく必要があります。そのための1冊読みで、そこから探究のスタートを切るという方法です。

資料６　学校図書館の選書コーナー

グループ学習であれば、最初に設定したおおまかなテーマに関連する書籍をメンバーがそれぞれ選んで読む方法と、グループメンバーが同じ1冊を読む方法とが考えられます。

選書候補については、学校司書や司書教諭と連携して、学校図書館に特設コーナーをつくってもらうのも手です。

また、熊本県立天草高等学校のように、他の図書とともに、さりげなく新書コーナーを設ける方法もあります（**資料6**）。

1冊読みを行ったら、自分が読み取った情報を1枚の紙にまとめる活動を行います（**資料7**）。図や表を入れてもいいでしょう。たとえば、国語の教科書に採録された現代評論であれば**資料8**のようにまとめます。

歴史関係の書籍であれば、読み進めながら、主要な歴史的出来事を抽出し、年表にまとめま

資料7　書籍の情報を1枚の紙に整理する

<table>
<tr><td rowspan="2">〈内容のサマリー〉
・ざっくり書籍の内容を概観できるように書く</td><td>〈書誌情報〉
書名／著者名／書名
初版年／総頁数</td><td rowspan="2">〈本の紹介〉
・他者に紹介するつもりで書く。</td></tr>
<tr><td>・読んでわかったこと
・自分の疑問点（知りたかったこと）</td></tr>
</table>

資料8　国語の現代評論を教材とした場合

<table>
<tr><td rowspan="2">・疑問に思ったこと（問い）
↓
・わかったこと（問いの答え）</td><td>文章構成を簡潔な図にする</td><td rowspan="2">内容紹介</td></tr>
<tr><td>〈キーワードの説明〉
①キーワードを取り出す
②文脈に即して説明する</td></tr>
</table>

資料9　やってみよう書評合戦（ビブリオバトル）

東京都立図書館公式ウェブサイト掲載
https://www.library.metro.tokyo.lg.jp/support_school/uploads/biblio.pdf

す。どの出来事が重要なのかを考えて、取捨選択する活動です。取捨選択後は、グループメンバーに説明する時間を設けます。

ほかにも、1冊読みや1枚にまとめる活動に生徒が慣れてきたら、ビブリオバトル（書評合戦）に挑戦するのもよいでしょう（**資料9**）。

高校生の行うビブリオ・バトルでは、一般的に物語や小説を読むことが多いと思いますが、探究学習に資する評論を用いて行うこともできます。

バトルといっても、どちらの主張が正しいかを決めるディベートとは異なり、どれだけ深く読み、聞き手の興味・関心をどれだけ喚起できたかで読みたい本を決めるので、発表者の誰の主張も否定しないところによさがあります。

読書指導を工夫する

次に挙げるのは、先生方が読書指導を充実するための10のヒントです。

①教科書の単元に関連した分野、作者・筆者の作品を並行して読む。
②学問の入門書で本の広い世界に導く。
③百科事典、辞典、事典を使い分ける。
④生徒の興味・関心を科学的な読み物や図鑑につなげる。
⑤ノンフィクションの本で社会を深く学ぶ。
⑥「問い」を立てて本を読む（「探究型読書」を促す）。
⑦物語や小説を用いて、点から線へつなげる読書に誘う。
⑧ブックマップで平易な入門書から学術的な専門書につなげていく。
⑨理科に関する書籍を取り上げ、実験や観察の知識を裏づける。
⑩朝読書をリニューアルする。

　このうち、①については、教科書の単元に関係した分野、国語科では教材に関連した作者・筆者の特品を紹介し、並行して読む学習を取り入れます。あるいは、学びを広げるという視点で生徒に本を紹介するだけでも意味があります。

　⑥については、たとえば、絵本を例にした探究型読書の方法を生徒に紹介する方法があります。

『へいわとせんそう』（Noritakeイラスト、たにかわしゅんたろう著、ブロンズ新社、2019年）は、左ページに「へいわのボク」、右ページに「せんそうのボク」が描かれている絵本です。この絵本を題材にして「『へいわのボク』と『せんそうのボク』にはどのような違いがあるのか」という問いのもとで読むことで、読書を探究学習に転換することもできます。

　⑦については、1冊の本（あるいは教科書教材）から広げていく読み方を取り入れる方法で、学校図書館と連携します。宮沢賢治の作品を例にすると、次のとおりです。

●宮沢賢治『なめとこ山の熊』

⇩

●『宮沢賢治童話集』（ハルキ文庫など多くの文庫に所収）

⇦

●ノンフィクション

『サガレン　樺太／サハリン　境界を旅する』（梯久美子著、KADOKAWA、2020年）

『宮沢賢治の真実 ―修羅を生きた詩人』（今野勉著、新潮社、2020年）

⇦

●宮沢賢治の集大成的作品『銀河鉄道の夜』（多くの文庫に所収）

⇦

●難解な作品を多く含む『宮澤賢治詩集』（新潮文庫など）

⑧については、⑦の方法を発展させ、ブックマップを作成して読者の視野を広げる方法です。平易な本から、徐々に学問の専門分野につなげていくのがミソです。

資料10を例にすると、「香港」にまつわる作品群をリンクさせる活動です。

資料 10　ブックマップ

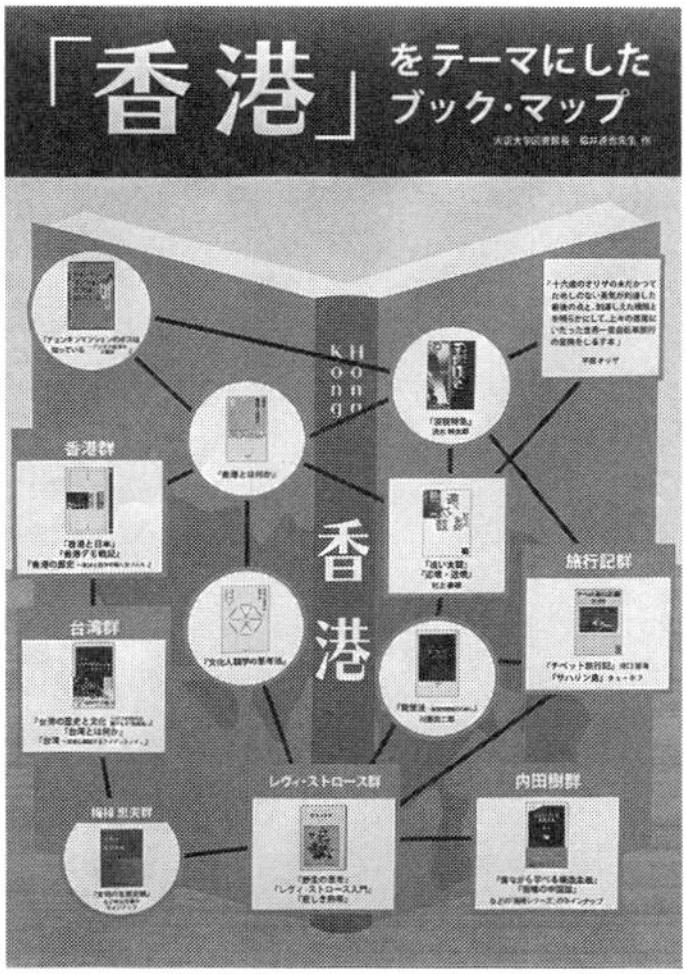

筆者作成、大正大学附属図書館

『深夜特急1』（沢木耕太郎著、新潮社、1994年）は、香港から陸路をたどって、ユーラシア大陸を横断し、西の果てにあるポルトガルのロカ岬をめざすノンフィクションです。『チョンキンマンションのボスは知っている アングラ経済の人類学』（小川さやか著、春秋社、2019年）は、香港に住むタンザニア人のビジネスマンの生活を取材した書籍で、第51回大宅壮一ノンフィクション賞と第8回河合隼雄学芸賞をダブル受賞した作品です。

こうした作品群から、構造主義ブームを巻き起こしたクロード・レヴィ・ストロースの『野生の思考』（クロード・レヴィ＝ストロース著、大橋保夫翻訳、みすず書房、1976年）や『寝ながら学べる構造主義』（内田樹著、文芸春秋、2002年）など、構造主義の分野に広げていく構成です。ブックマップは、読み手の嗜好性や思考性が「見える化」される点で興味深い活動となります。

取材のポイント

総合探究においては、地域に出て調査したり、専門家などにインタビューしたりする活動を行うこともあります。突発的に行うことになることもあるでしょうが、対象者の選定、先方への依頼、日時の調整、内容の精査をあらかじめ指導計画に盛り込んでおき、必要に応じて取材先に連絡を入れ内諾を得ておきます。取材先が公的機関である場合には、学校長名による依頼状が必要になることもあります。

取材を行うに当たっては、メモをしっかりとること、録音が必要な場合には、利用目的を説明して承諾を得てから行うことを指導します。わざわざ取材するわけですから、踏み込んだ質問をすることになりますが、相手の自尊感情を傷つけたり、プライバシーを侵害したりしないように配慮することについてもつけ加えます。

ただし、インタビューの目的が、たとえば戦争体験を取材するといった場合には、相当踏み込んだ質問をしなければならないでしょう。そのような場合には、教師が先方と事前の調整を十分に行い、信頼関係を構築してから行います。

当事者や家族に対して事前に質問事項を渡しておくことも必要です。取材内容によっては、家族や当事者から承諾書を得ることが必要になる場合もあります。また、こうしたセンシティブな取材の場合には、教師が同行するのが無難です。加えて、管理職の許可も得ておきます（高校であっても研究倫理に配慮する必要があります）。

ほかにも、取材というと、アンケートをとることが考えられますが、私はあまり推奨していません。まずサンプル数が少ないとデータの妥当性が担保されないこと、大がかりなアンケートにしようとすると、準備・集計・分析に要する時間がかかりすぎることが、その理由です。
そのため、データが必要な場合には、公的機関の調査報告を活用するようにします。

著作権について指導する

研究成果をレポートや論文にまとめる際に、書籍等から引用した場合には、必ず出典を示すように指導します。それだけでも著作権への意識を喚起することができます。
出典の示し方については、さまざま方法がありますが、次の形式であればとりあえず問題とならないでしょう。

著作権者等名 ＋ 著作様式 ＋ 著作名 ＋ 頒布権利者名 ＋ 公開年 ＋ 引用頁数

たとえば、書籍であれば、
・佐伯胖著『「学び」の構造』（東洋館出版社、１９７５年、○頁）
公文書であれば、
・文部科学省『高等学校学習指導要領解説　総合的な探究の時間編』（平成30年、○頁）

といった案配です（ここでは西暦と元号と二つの表記を並べましたが、実際にはどちらかに統一します。また、公文書であっても市販されている場合には出版社名を追記します）。

統計情報なども画像をコピー＆ペーストするのは極力控えます。国の機関から公示されている統計情報であれば、大本のデータが公開されています。一番間違いないのが、e-stat（政府統計の総合窓口、https://www.e-stat.go.jp/）です。

当サイトで検索して該当するデータをダウンロードし、自分たちでグラフなどを作成するのが望ましいでしょう。どうしても再現するのがむずかしい図表については元画像を使用し、出典を明記します。

いずれにしても、著作権の意識をしっかり生徒にもたせることが大切です。

学校図書館を活用する

探究学習を進めていくうえでは、校内の学校図書館担当者と連携することが欠かせません。学校司書や司書教諭が配置されている学校であれば、利用相談（レファレンス）も可能です。生徒の学習に必要な書籍や資料など、リクエストに応じて選書もしてくれます。

また、高校の学校図書館は、公共図書館と同じように日本十進分類法（NDC）に則って図書が配架されています。図書を検索できる専用の（OPAC：オンライン蔵書目録）端末を整備している学校もあると思いますが、図書の配架規則を知っていないと、検索結果（所蔵番号）では、お目当ての図書を見つけるのにも苦労します。

そこで、（前述した）図書館オリエンテーションの場で、学校司書や司書教諭にも登壇してもらい、配架規則について説明してもらうとよいでしょう。たとえ、そのような場でなくても、入学時のオリエンテーションや総合探究で調べ学習が必要になった段階などに教師が説明するのでも差し支えありません。

第8章

学習成果を発信する

ＩＣＴ活用で情報を共有する

いまや探究学習の進捗状況を共有し、発信する手段としてＩＣＴ機器の活用は必須となりました。たとえば、office365 の teams を使えば、**資料１**に示すフローを行うことも可能です。グループで研究する場合などは特に有用です。

具体的には、プロジェクトのパートごとにチャンネルをつくって進捗状況を共有すれば、生徒たちにとってはもちろん、教師もすべてのグループの進捗状況をシームレスに把握することができます。

画像や動画などの容量が大きいデータであっても、One Drive や stream などのクラウドを活用することで共有することが容易になりました。生徒は下書き段階の文書をどんどんアップロードしてグループメンバーと共有します。

その後、メンバーの意見などを参考にしながらアップデートを繰り返して完成度を高め、発表用の最終版に仕上げていきます。このようなフローですから、文書の精度をどのように上げていったのかを可視化することができます。この取組は、いわば学習のＰＤＣＡとも言うべきものです。

資料1　Office365 による情報の加工・情報発信・評価の流れ

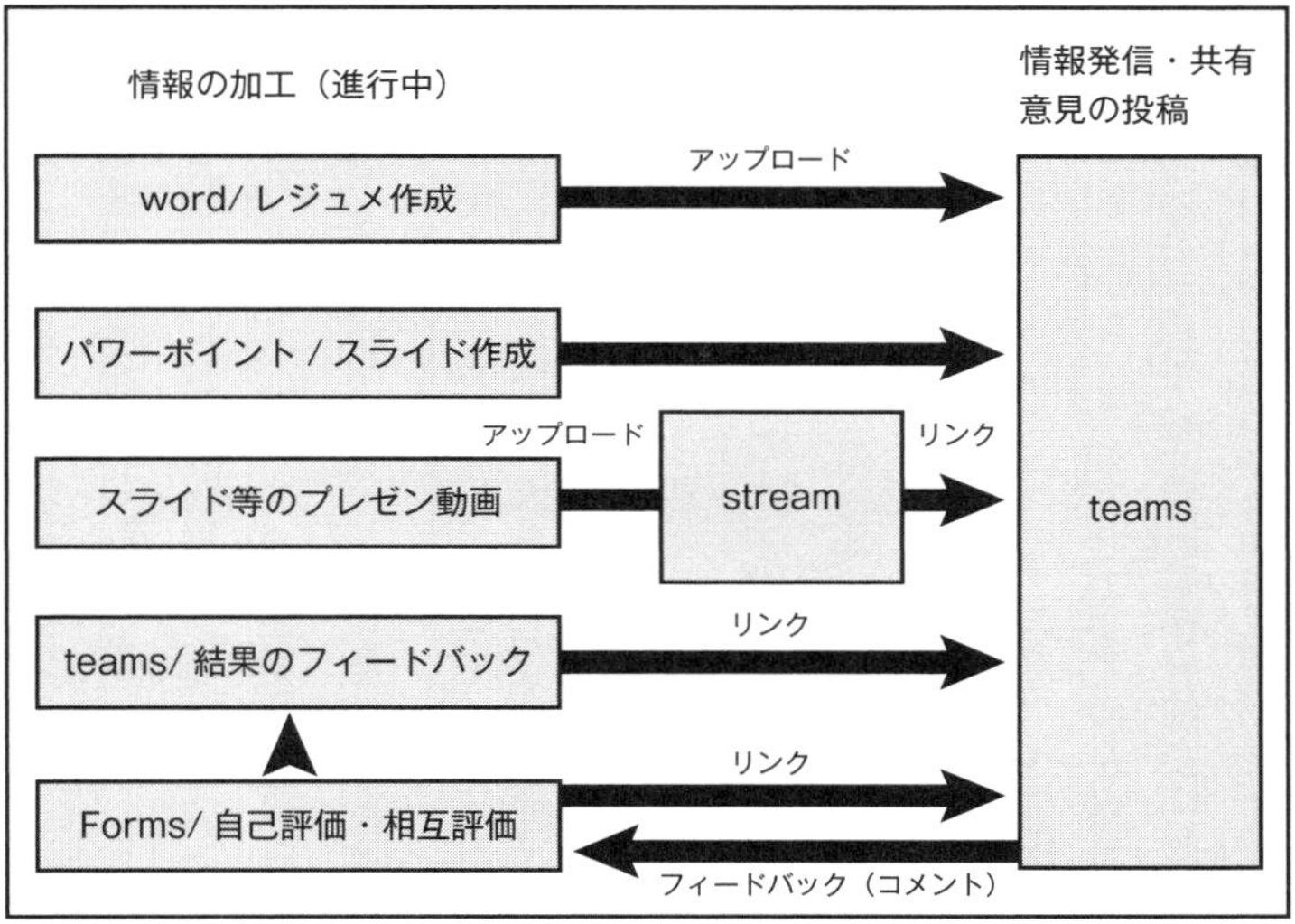

どの生徒にとっても学習の見通しがもてれば、自ずと主体性は高まり、お互いに切磋琢磨しようとする機運が生まれます。

次に紹介するのは、teams のチャンネル例です。

- 興味・関心があること
- 事前リサーチ
- 研究テーマの設定
- 研究目的・方法
- 先行研究のレビュー
- 研究で用いる文献一覧
- 進捗状況の報告
- 中間報告のスライド
- 修正が必要な点

●進捗状況の報告
●発表用スライド
●発表の自己評価・相互評価
●レポート
●学習の振り返り

このようにチャンネルを分けることで、たくさんの投稿があるなかで自分たちにとって必要な情報が埋もれずに済み、検索性も高まります。また、他の生徒の投稿を参考にすることもできるだけでなく、教師もアドバイスしやすくなります。加えて、データはストックされ続けるので、過去に行った探究学習のリソースを再利用することもできます。

途中経過をスライドにまとめる

1年間かけて探究する総合探究では、目的別に学習を切り分けて単元を構成し、スモールステップで学習を進めていくことが大切です。そのためには、研究の進捗状況を共有し、課題や方向性を確認したり、修正したりすることが必要です。そこで単元の終末ごとに、たとえば6枚のスライドにまとめて研究の中間報告を行うようにします（資料2）。生徒にとっては、お互いが刺激し合い、高め合うことができますし、教師のほうも指導・助言しやすくなります。

資料2　研究の中間報告　6枚スライドにまとめる

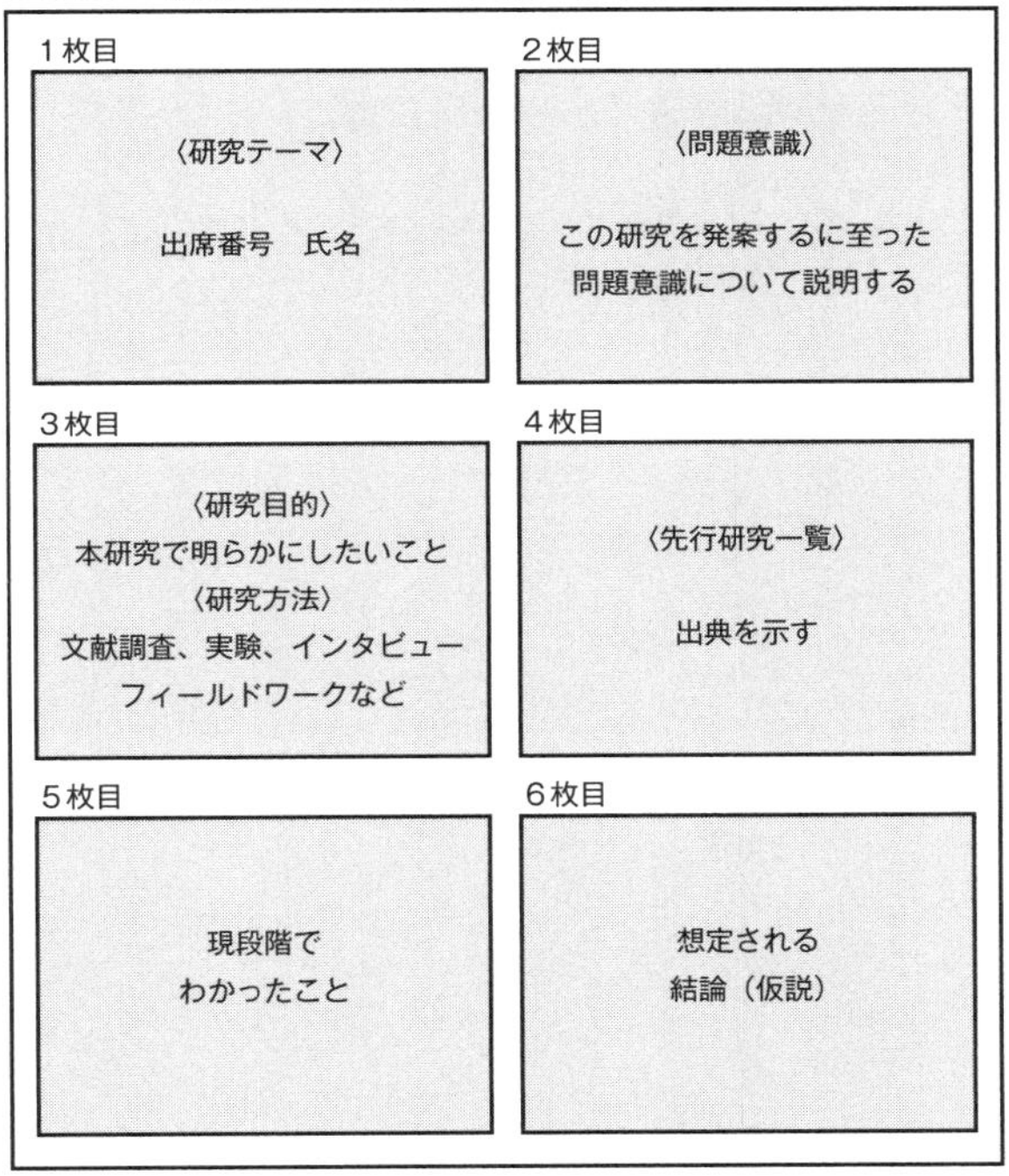

　また、探究学習においては、問いを立ち上げ、研究テーマを絞っていく活動にしっかり時間をかけなければなりません。その際、なぜその研究テーマを着想するに至ったのか（すなわち問題意識や問題の所在）についてもしっかり説明できるようになっている必要があります。

加えて、「問いの広さ」については、他の章で述べていますが、ピンポイントの課題をどの程度の期間内で解決するのかについても、見通しをもてるようにします。**資料2**の4枚目の「先行研究一覧」の作成に当たっては、安易にインターネット検索に頼らず、（時間の許す限り）学校図書館のほか、公共図書館を利用して原典にしっかり当たるようにしたいものです。

6枚目に「想定される結論（仮説）」を設けているのは、研究の途中段階であっても、目指すゴールを常に意識できるようにするためです。あくまでも仮説ですから、中間報告のたびに変わっていってよいものです。むしろ、そのような変化が見られたら、「なぜ、そのような変遷を経ているのか」と自分たちの学習を振り返る問いを得ることができます。また、教師にとっても、グループごとのゴールイメージの変化は、生徒の学習状況を見取る評価資料となります。

さらに学習が進み、いよいよ発表間近になったら、これまでに更新してきたスライドをベースにして、発表用のスライドに仕上げていきます。

ポスターにまとめる

1枚の模造紙に研究内容を簡潔にまとめ、ポスター・セッションを行う活動です。ポスターの紙面構成は、内容にもよりますが、特に研究で明らかになったことを重点にまとめます（**資料3**）。文字情報に加え、必要に応じてグラフや図、写真などを用いて、視覚的にわかりやすくなるように工夫します。資料を引用する場合には出典を明示します。

資料3　ポスターのおおまかな紙面構成

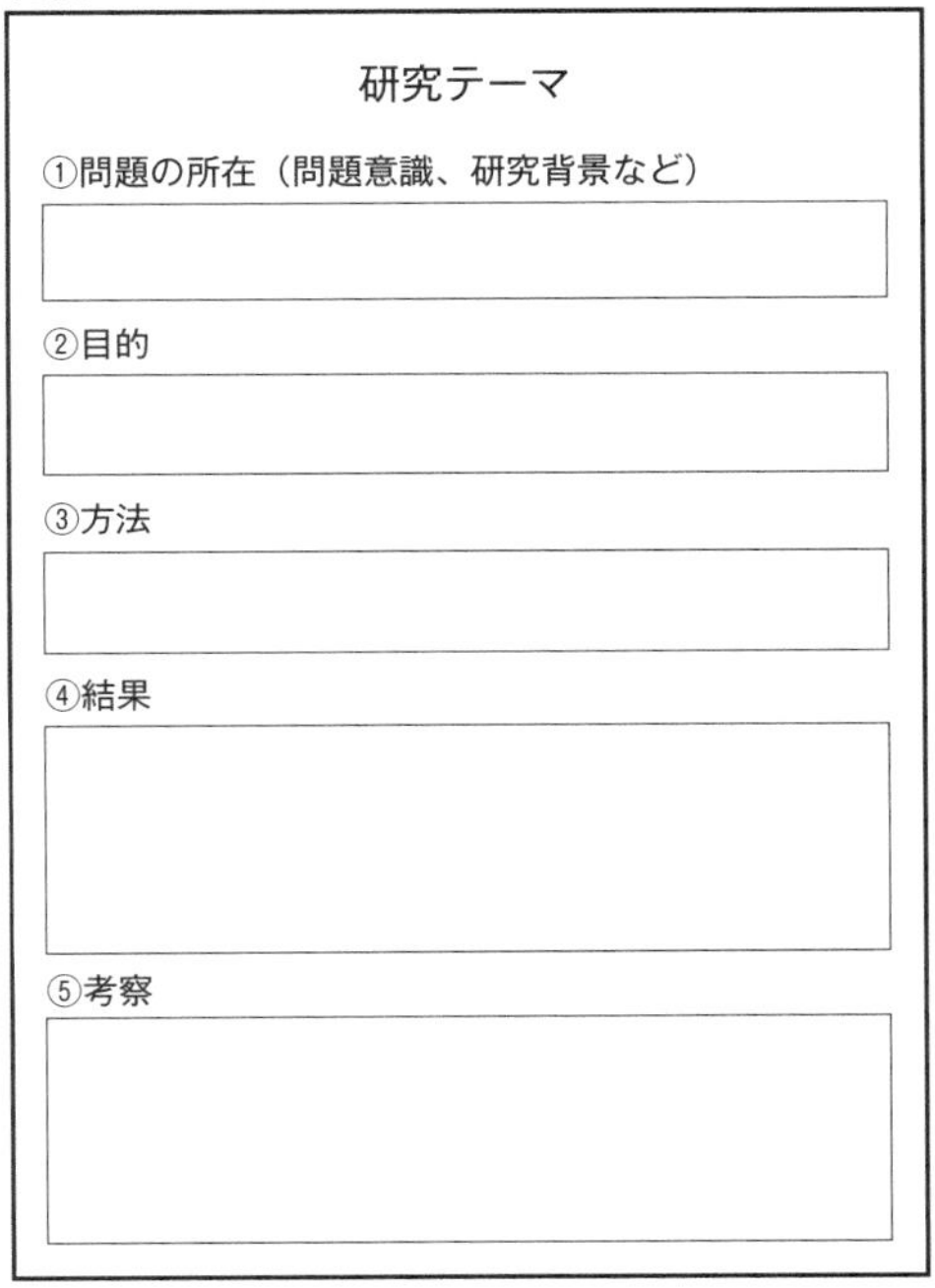

また、研究内容にもよりますが、味わい深いものにするという意図のもとに、あえて手書きで作成するのでもよいでしょう。ただ、基本的にはＩＣＴ機器を活用し、プリントアウトしたものを貼り合わせたり、フォント（書体）や大きさ、色などを工夫するなどして、読みやすくわかりやすいポスターに仕上げます。

理系の研究の場合であれば、**資料3**の「③方法」の項目で実験の仕組みを図で示したり、「④結果」の項目で実験結果や統計資料を入れたりするように工夫するとよいでしょう。

研究成果を発表する

ポスター・セッション（ポスター発表）を行う際には、前述のように1枚の模造紙にまとめた研究成果をもとに来場者に説明します。グループ研究であれば、そのつど説明役を交代するようにしましょう（**資料4**）。また、たとえば、校内で2年生が一斉に研究成果を発表するような場合には、1年生にも参加させると、次年度に向けての動機づけを図ることができます。

分科会形式で研究発表会を開催する場合には、講座ごと（指導担当者ごと）に教室を割り振り一斉に行います。学会のようにプログラムをつくり、各教室で発表時刻を合わせておけば、他学年の生徒も興味・関心に応じて、さまざまな発表を見て回ることができます。

加えて、発表後は、学習成果物としてポスターを学校図書館に掲示するとよいでしょ

資料4　小石川フィロソフィー（課題研究）「メディア研究」のポスター発表の様子

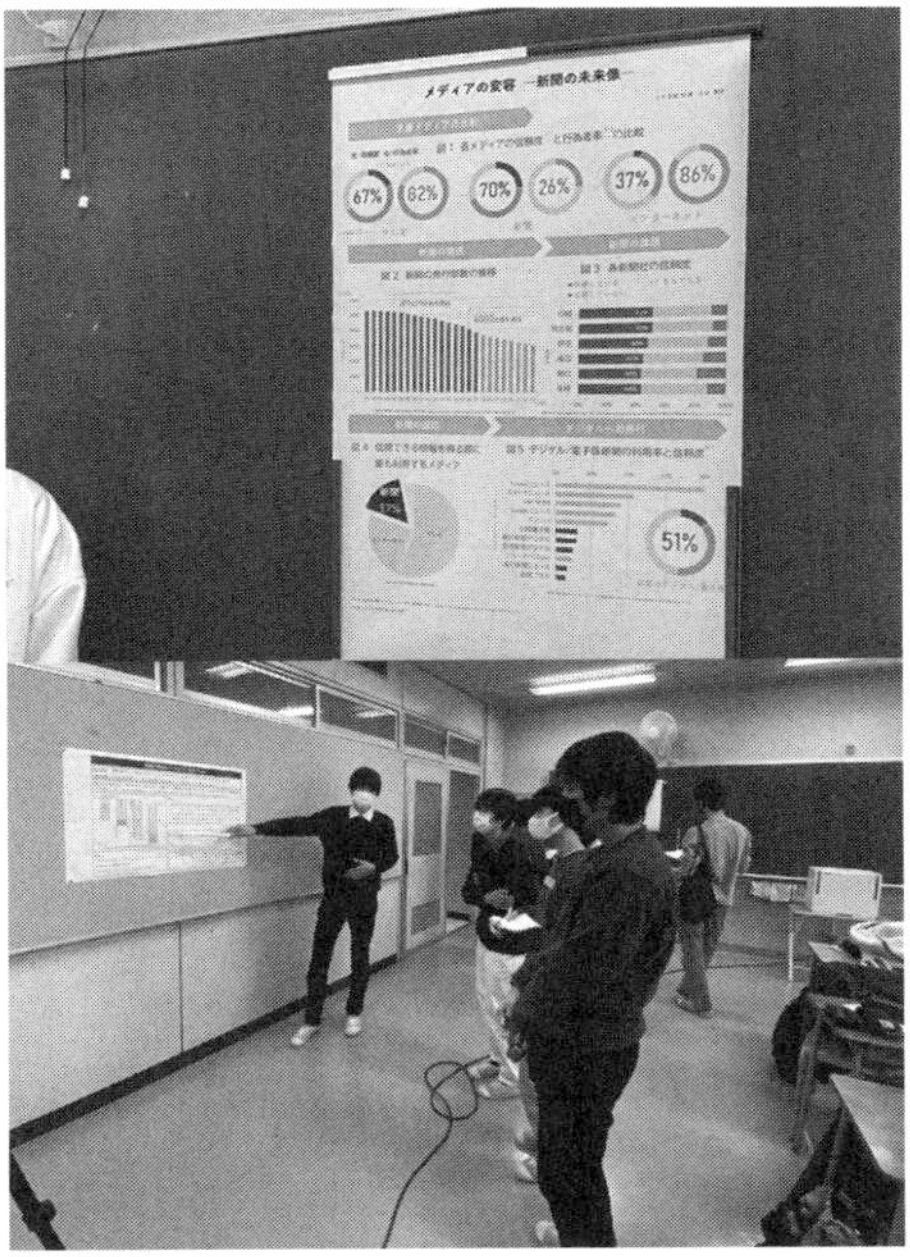

東京都立小石川中等教育学校、2020年

資料5　研究成果を学校図書館の出入口に掲示

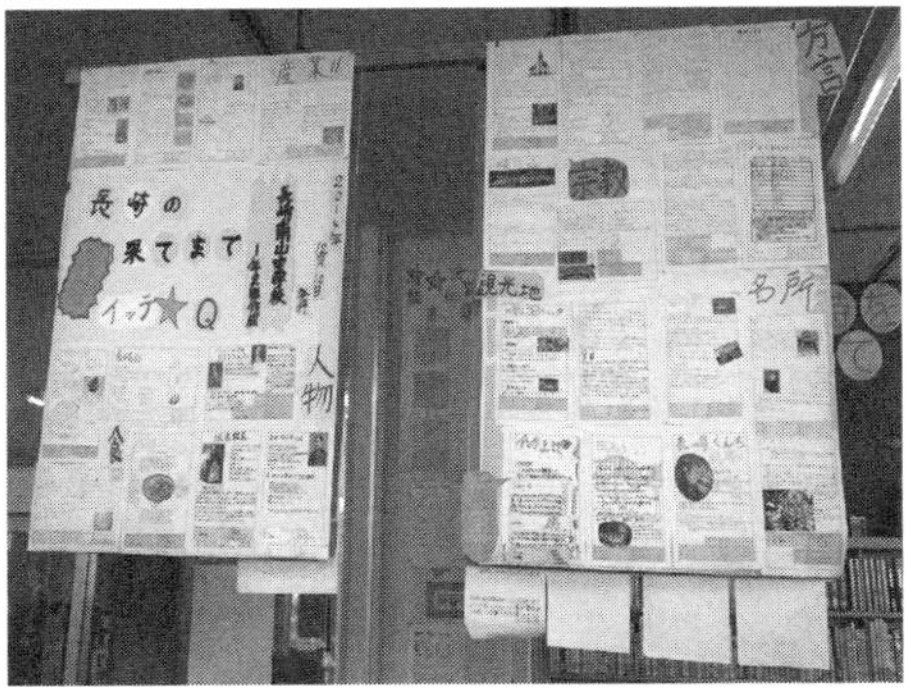

長崎南山中学校・高等学校、2018年

う（資料5）。

スペースの関係から一斉に掲示することが困難な場合には、生徒による投票制にして優秀な発表（ポスター）を掲示したり、掲示時期を細かく区切って入れ替えるといった方法が考えられます。

学校図書館には、読書センター、学習センター、情報センターという3つの機能があります。この3つの機能の充実には、生徒たちの学習との関連づけが欠かせません。そこで、ポスターだけではなく、日常的な学習成果物や、探究学習で用いた図書の展示などもあるとよいと思います。いずれにしても、(司書教諭や学校司書などの)学校図書館担当者と相談しながら創意工夫することが、生徒の学習活動に資するものとなります。

第9章

学びを評価する視点

学習評価の概要

学習評価には、診断的評価（diagnostic evaluation）、形成的評価（formative evaluation）、総括的評価（summative evaluation）があります。

診断的評価は、学習に先立ち、生徒の基礎的な知識や学習に向かう準備体制（レディネス）を診断するもので、生徒の学習の実態をつかむための評価です。

形成的評価は、学習の途中でいったん立ち止まり、理解度を確かめる評価で、その後の学習の進み方を調整するのに役立ちます。

総括的評価は、単元の終わりに、知識の定着度、理解度などを見取る評価です。

これまでの学習評価は、指導者である教師の側に立つものでした。しかし、これからの学習評価は、生徒自身が自分の学びを確認し、さらに前進するための材料とする（形成的評価）とともに、生徒が単元全体を通じて自分の学びを振り返り、次の単元の学びにつなげていくことが求められます。すなわち、学習者主体の学びを実現するための評価だということです。

そのため、教える側の教師のほうは、生徒一人一人に応じた指導に努め、生徒が自己

資料１　単元の評価計画のイメージ

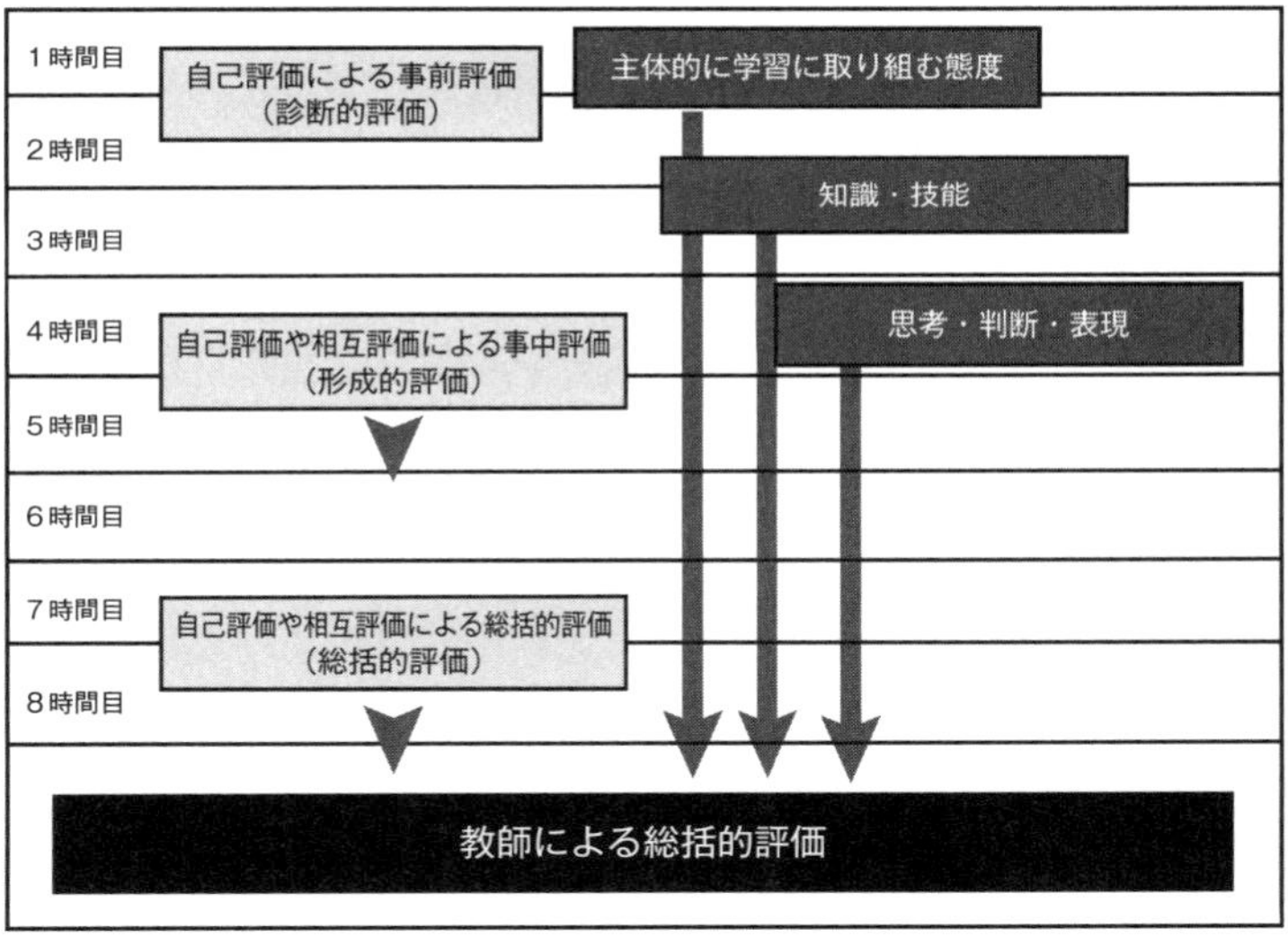

または相互評価しながら自分の学習を調整できるように助言する役割が求められます。このように生徒本位の評価観をもつことが重要となるのです。

さて、実際の学習評価においては、「知識・技能」「思考・判断・表現」「主体的に学習に取り組む態度」ごとに評価規準を設けて行います。

しかし、すべての授業において記録をつけるわけではありません。単元のまとまりを通じて、適切だと考えられる時間（場面）に観点を据え、教師の指導を通じて評価材料を得ます。その結果として、最終的に（総括的に）評価するわけです（**資料１**）。

どの時間（場面）にどの観点のもとで

評価材料（レポートやポスターなどの生徒の学習成果物）を得るのかについては、単元目標と学習内容とを照らし合わせて考えます。

評価規準のつくり方

評価規準をつくる際には、次の2点を明確にします。

①特にどの学習場面（学習活動）に着目して評価するのか。
②何を評価するのか。

資料2は、「主体的に学習に取り組む態度」の例です。

また、生徒自らが学習を俯瞰的に見られるようになることも、探究学習に限らず大切です。その方法として、（繰り返しになりますが）積極的に自己評価を取り入れることです。いい形で行うことができれば、現在進めている学習を改善したり、次の学習をよりよいものとしたりするための学習調整力が身についていきます。

ただし、自己評価というと、「よくできた・できた・あまりできなかった・できなかっ

資料2　評価規準のつくり方（例）

評価の観点「主体的に学習に取り組む」の場合

［場面、活動、状況］に応じて、
［リテラシー・汎用的な能力・非認知能力］を発揮しながら、
［主体的な活動への志向］を試みようとしている。

▼

〈評価規準例〉

・学習課題（問い）を設定する活動において、さまざまな情報を収集・取捨選択・吟味しながら、探究課題を絞り込み、追究しようとしている。

〈リテラシー・汎用的な能力・非認知能力として考えられるもの〉

・課題の解決のために、インターネットだけでなくさまざまなメディアを活用しようとしている。
・対話を通して得た情報をもとに、自分の学習を調整しようとしている。
・発表の場では、自分たちが考えた結論への道筋を的確に伝えようとしている。
・問いの答えを出すために、これまで学んだ既習知識を活用しようとしている。

た」といった選択肢から生徒に選ばせる活動を見かけますが、思ったほどの効果を期待できないように思います。それよりも、質問によって自由記述させるほうがよいでしょう。

そこで、ここでは観点ごとに生徒が自分の学習を振り返られる質問例を挙げます。

〈形成的評価（formative evaluation）としての自己評価─メタ認知を促す「事中評価」〉

●知識・技能

【質問例】

「これまでの学習のなかで、あなた

が新たに学んだり、新たにできるようになったりしたことは何ですか？」

●思考・判断・表現

【質問例】

「これまでの学習のなかで、あなたが学んだことや、今後の学習でもっと学んでみたいと思うことは何ですか？」

●主体的に学習に取り組む態度

【質問例】

「これまでの学習のなかで、あなたが興味・関心をもって取り組んだことは何ですか？」

〈総括的評価（summative evaluation）としての自己評価―メタ認知を促す「まとめの評価」〉

●知識・技能

【質問例】

「単元の学習前と学習後を比べて、あなたが新たに学んだり、新たにできるようになったりしたことは何ですか？」

●思考・判断・表現

【質問例】

「学習前と学習後を比べて、あなたが新たに発見したり考えたりしたことは何ですか？」

●主体的に学習に取り組む態度

【質問例】

「あなたが最も興味・関心をもって取り組めたことは何ですか？」

相互評価については、自分では気づいていなかったよさや課題を知るのに役立ちます。ただし、相互評価は相手の学習状況のよし・悪しをジャッジするものではない点に留意が必要です。「ちょっと気づいたこと」「おもしろいと思ったこと」など、相手の学習がよりよくなりそうなヒントを提示し合うといったスタンスで臨むのがよいでしょう。

＊

ここまで教師主体の授業から学習者主体の学びにすることの重要性について述べてきましたが、そうやすやすとできるわけではありません。教室という場では、被評価者（生徒）が評価者（教師）に追従するという力学が常に働くからです。そのため、教師のほうが戦略的に授業を組み立て、生徒に「自分たちこそが学習の主体者だ（自分たちが動かなければ学習が前に進んでいかない）」と思わせられるように仕掛ける必要があるでしょう。（本書の冒頭でも触れたとおり）生徒は学習のスタートから学習者にはなり得ず、学習を通じて学習者になっていくものだからです。

いかに生徒を自立・自律した学習者に育てていくかが、これからの教師が担う重要なミッションだと思います。そのためにも、生徒の多面性を意識しながら目指す生徒像を練り上げ、単元と単元のつながりを意識しながら探究学習をデザインしていくことが、今後ますます重要性を増してくるでしょう。

教師もまた生徒と同じように、素晴らしい授業をつくる学習者たり得る存在だということを述べて、筆を置きたいと思います。

稲井 達也（いない・たつや）

大正大学教授・附属図書館長

1962年、東京都生まれ。専門は国語科教育、学校図書館。博士（学術）。都立高校３校で教諭、都立小石川中等教育学校主幹教諭、東京都教育委員会指導主事を歴任。日本女子体育大学教授・附属図書館長を経て現職。（公社）全国学校図書館協議会事務局参事を兼任。複数の都立高校、都立中高一貫校で学校運営連絡協議会の協議委員を務め、学校経営への助言を行っている。令和４年度子供の読書活動推進に関する有識者会議（文部科学省）で委員を務めた。〈主な著書〉『高校授業「学び」のつくり方』（東洋館出版社、2019年）、『高等学校「探究的な学習」実践カリキュラム・マネジメント』（学事出版、2019年）、ほか多数。

はじめての高校探究

2023（令和5）年2月10日　初版第1刷発行

著　者　稲井達也
発行者　錦織圭之介
発行所　株式会社　東洋館出版社
〒101-0054　東京都千代田区神田錦町２丁目９番１号
コンフォール安田ビル２階
代　表　TEL 03-6778-4343　FAX 03-5281-8091
営業部　TEL 03-6778-7278　FAX 03-5281-8092
振替　00180-7-96823
URL　https://www.toyokan.co.jp
装　幀　中濱健治
印刷・製本　岩岡印刷株式会社

ISBN978-4-491-04939-7 / Printed in Japan